Jean-Yves Empereur, agrégé de lettres classiques et docteur en archéologie, a été membre puis secrétaire général de l'Ecole française d'Athènes. En douze ans, il a pu étudier les inscriptions de Delphes, fouiller à Argos, Délos et Thasos, où il a ouvert la fouille sous-marine du port antique. Il a dirigé la fouille du port d'Amathonte de Chypre ainsi que celle d'un village de potiers à Cnide (Turquie). En 1990, il a fondé le Centre d'études alexandrines. Depuis 1992, une douzaine de fouilles ont ainsi été menées, les plus récentes étant celles du Phare, des épaves au large de Qaitbay et de la Nécropolis.

A Honor Frost et à la mémoire de Kamal Abou el-Saadat, pionniers de l'archéologie sous-marine à Alexandrie.

Dépôt légal : mai 1998
Numéro d'édition : 78310
ISBN : 2-07-053392-1
Imprimerie Kapp Lahure Jombart, à Evreux

LE PHARE D'ALEXANDRIE
LA MERVEILLE RETROUVÉE

Jean-Yves Empereur

DÉCOUVERTES GALLIMARD
ARCHÉOLOGIE

« Les architectes avaient commencé de tracer avec de la craie la ligne d'enceinte quand la craie vint à manquer; justement, le roi arrivait sur le terrain; les intendants des travaux mirent alors à la disposition des architectes une partie de la farine destinée à la nourriture des ouvriers, et ce fut avec cette farine que fut tracée une bonne partie des alignements de rues, et le fait fut interprété sur l'heure, paraît-il, comme un très heureux présage. »

Strabon, *Géographie*, XVII, 6

CHAPITRE PREMIER

ALEXANDRIE

En janvier 331, Alexandre, le roi de Macédoine (à droite) qui vient de conquérir l'Egypte, fonde Alexandrie. Grecque pour trois siècles, puis romaine en 30 av. J.-C., l'Egypte conservera les traits distinctifs de la civilisation pharaonique tout en intégrant les nouvelles cultures (à gauche, des guerriers macédoniens dans le temple d'Isis).

Dès l'acte de fondation de la ville en 331 av. J.-C., Alexandre et son architecte Dinocrate avaient prévu l'aspect général de l'urbanisme alexandrin, avec son gigantisme qui a tant impressionné les Anciens tout comme il nous étonne encore. Le réseau viaire, commandé par les portes aménagées dans la muraille, était lui aussi fixé, avec ses rues se coupant à angle droit. Dans ce dispositif prenait place l'Heptastade, cette chaussée-pont longue de sept stades (soit sans doute sept fois 165 mètres selon la mesure en usage à Alexandrie), qui reliait l'île de Pharos au continent, formant deux grands ports bien abrités : à l'ouest, le port Eunostos et à l'est, le Grand Port dont l'accès se situait du côté de Pharos. Le projet prévoyait sans doute une agora et le canal, indispensable au ravitaillement des habitants en eau douce.

Les portraits d'Alexandre le Grand réalisés en Egypte alternent les représentations hellénistiques et pharaoniques. Sur la monnaie de la page de droite, le conquérant est coiffé d'une *léontè*, la dépouille du lion de Némée vaincu par Héraclès, et d'une corne rappelant son adoption par Ammon, le dieu bélier de l'oasis de Siwa. A gauche, le buste bleu en faïence est un exemple unique. Cette céramique à pâte silicieuse et à glaçure n'était fabriquée qu'en Egypte, et cet artisanat de fabrication pharaonique a été adopté par les Alexandrins.

Ptolémée, digne successeur d'Alexandre

Alexandre meurt en 323, sans jamais avoir vu la cité dont il avait jeté les fondations huit ans plus tôt. Ses généraux s'entre-déchirent pour sa succession et bientôt se partagent des lambeaux de l'empire. C'est à Ptolémée que revient l'Egypte en 319, avant qu'il ne s'en proclame roi en 305. La dynastie qu'il fonde va présider à la destinée de l'Egypte jusqu'en 30 av. J.-C., date de la mort de Cléopâtre et de l'annexion du pays à l'Empire romain.

A l'origine, Ptolémée hésita sur le choix de sa capitale et pendant plusieurs années, il semble bien que

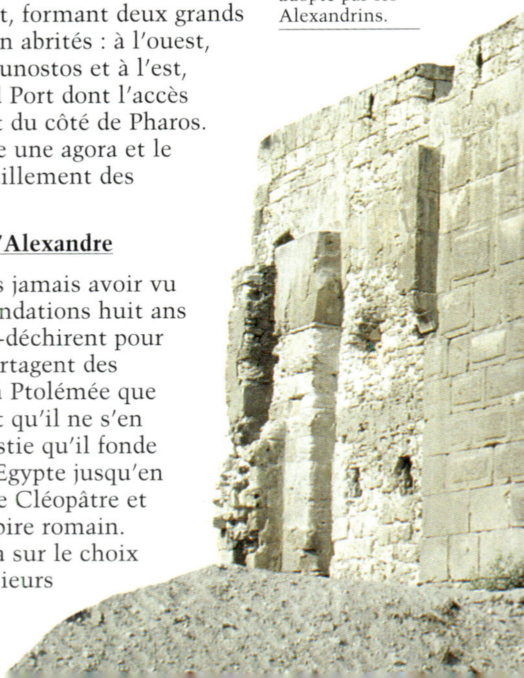

Memphis, ville du couronnement et capitale pharaonique, ait joué ce rôle. Mais il choisit de fixer définitivement le siège du pouvoir royal dans la nouvelle fondation de la côte nord. Alexandrie restera capitale pendant un millénaire, jusqu'à la conquête arabe de 640. Le nouveau souverain, qui prit le surnom de Sôter, le «Sauveur», va s'employer à l'enrichir de monuments dignes du projet d'Alexandre.

Pour affirmer le statut de la cité nouvelle, Ptolémée Ier y installa le tombeau d'Alexandre, à proximité du quartier royal. Le tombeau du conquérant allait devenir l'un des monuments les plus célèbres de l'Antiquité, bien que les aléas de la guerre le fassent disparaître de la surface de la ville au IIIe siècle apr. J.-C. et que son emplacement même devienne mystérieux. Ptolémée avait arraché de haute lutte

La muraille antique de la ville n'a subsisté qu'en un seul endroit, dans les jardins de Shallalat (ci-dessous). Les assises régulières de parpaings à bossage en nummulite (visibles dans la partie droite) sont hellénistiques et se distinguent du petit appareil de la muraille (à gauche), ouvrage effectué lors d'une restauration du IXe siècle apr. J.-C.

«La fondation d'Alexandrie», aquarelle monumentale de Louis-Jean Desprez, de 1804 (pages suivantes), illustre les divers textes anciens retraçant l'épisode. Sur la gauche du tableau, l'architecte Dinocrate présente avec révérence ses plans au guerrier couronné, vêtu d'un manteau de pourpre. Un décor de grues, de roues, d'échafaudages, de poulies rappelle la maîtrise des Grecs en matière de construction. Au fond, se dresse un promontoire, qui pourrait être la tour de Pharos, dont l'aspect brut s'oppose au marbre de la ville déjà construite.

la dépouille du conquérant, alors que celle-ci était convoyée depuis Babylone vers la Macédoine, et il la conservait comme une relique qui allait apporter la prospérité à la ville. Une brève description du pillage de la tombe sous Ptolémée X à court de trésorerie, nous indique qu'Alexandre était inhumé dans un cercueil d'or, au milieu d'une profusion d'objets également en or, qui évoquent aussi bien la richesse des tombeaux pharaoniques que celle des hypogées de la nécropole royale macédonienne de Vergina.

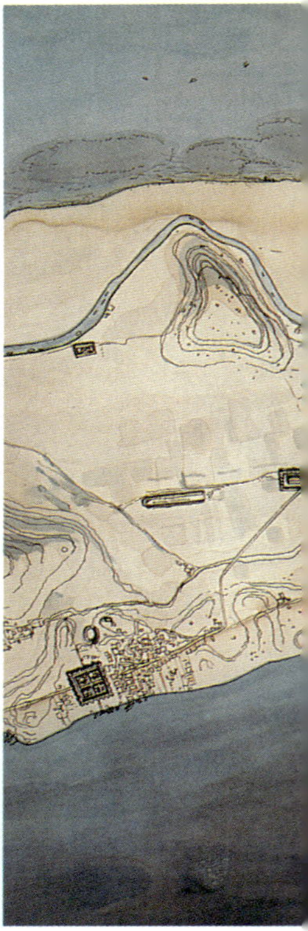

La ville des premières années

Selon le pseudo-Callisthène, historien et philosophe grec qui suivit les campagnes d'Alexandre à titre d'historiographe, Alexandrie était divisée en cinq quartiers, désignés chacun par les cinq premières lettres de l'alphabet grec. Un témoignage épigraphique, faisant allusion au quartier bêta, vient confirmer le récit de cet auteur.

La maison alexandrine que représente cette lanterne en terre cuite était disposée sur deux étages surmontés d'un fronton, avec des pièces d'habitation à l'étage, comme l'indique la fenêtre pourvue d'un rideau. La salle à manger était la pièce la plus importante : ci-dessus, celle d'une maison du début du IIIe siècle av. J.-C., ornée d'une mosaïque avec une rosace et un paillasson de galets.

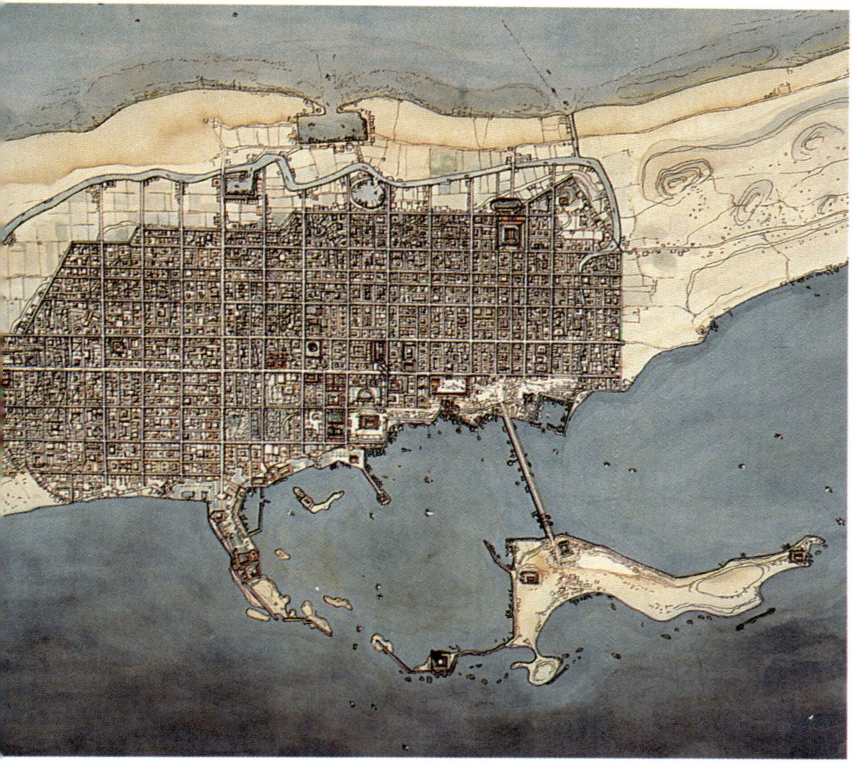

Aujourd'hui, au fil des fouilles d'urgence, commencent à apparaître les maisons des premiers Alexandrins construites à l'intérieur d'îlots et séparées par des impasses de service. D'assez grande superficie, au moins pour ce qui concerne le quartier résidentiel voisin des palais, elles comportaient de nombreuses pièces, dont une salle à manger, pièce d'apparat décorée de mosaïques. Quant au mobilier, il était semblable à celui du reste du monde grec, comme en témoigne une pièce du «service de la grand-mère» retrouvée : un couvercle de *lékané*, boîte à parfum ou à bijoux, façonné par un artisan d'Athènes dans les années 375-370 av. J.-C., soit un demi-siècle avant la fondation d'Alexandrie.

“La ville est partout sillonnée de rues que peuvent utiliser les cavaliers ou les conducteurs de char. Deux d'entre elles sont extrêmement larges et s'entrecroisent à angle droit.”

Strabon, *Géographie*

[Ci-dessus, Alexandrie en vue verticale : au nord la mer (en bas), au sud le lac Maréotis (en haut). L'Heptastade doit en fait se situer dans le prolongement de la rue principale.]

Hors de l'enceinte de la ville se développait le cimetière du *vulgum pecus*, dans l'actuel quartier de Chatby : c'est là qu'on a retrouvé les sépultures les plus anciennes, appartenant aux premières générations d'Alexandrins. Il existait peut-être un autre cimetière à l'ouest de la cité, à l'emplacement de la Nécropolis, la «Cité des morts», que le géographe Strabon décrira trois siècles plus tard, mais les archéologues jusqu'à présent n'y ont pas découvert de tombes antérieures au milieu du IIIe siècle av. J.-C. Selon la coutume grecque, les morts étaient incinérés ou inhumés. Des hypogées aménagées dans la roche tendre recevaient les corps des défunts : des salles y étaient disposées qui renfermaient des sarcophages creusés à même le rocher; on offrait au mort des lampes en terre cuite, des petits autels à encens ainsi que des vases à huile parfumée, parfois de petites figurines représentant des femmes ou des enfants. En surface, la tombe était signalée par un cippe, une petite stèle, parfois peint.

Les dieux s'installent à Alexandrie

Des temples furent construits en hommage aux divinités grecques et égyptiennes : les auteurs anciens nous apprennent que le premier sanctuaire élevé par Alexandre fut consacré à Isis.

Situé à l'est de la ville, le cimetière de Chatby est l'une des plus anciennes nécropoles d'Alexandrie (page de gauche, on voit au fond de la tombe un lit avec des oreillers taillés dans la pierre). La pyxis (ci-dessous) à décor peint de motifs géométriques et floraux y a été exhumée.

La Nécropolis comportait selon Strabon «un grand nombre de jardins, de tombeaux et de lieux d'accueil propres à la momification des morts»; une nouvelle partie en a été redécouverte fortuitement dans l'actuel quartier de Gabbari. La tombe n° 1 (ci-contre) est l'une des 38 sépultures collectives mises au jour lors de cette fouille. Elle contient 230 *loculi* (70 cm par 70 cm) disposés sur sept niveaux.

Les tombes d'Alexandrie contenaient un riche mobilier funéraire et des décors raffinés, comme la peinture murale représentant une scène agreste (à droite), provenant de la Nécropolis ou la stèle peinte avec un cavalier macédonien et son écuyer (ci-contre), qui marquait en surface l'emplacement d'une tombe. A gauche, provenant de la nécropole d'Hadra, une hydrie, ou vase destiné à contenir les restes d'une crémation, est décorée d'un Pégase. Une autre hydrie est ornée d'une couronne d'olivier en bronze (en bas, à droite). Les tanagras, statuettes de terre cuite figurant d'élégantes Alexandrines, faisaient aussi partie du mobilier offert aux défunts.

Un autel monumental de style grec fut construit près de l'intersection des deux voies principales de la ville pour le culte d'Agathodaimon. La fête de cette divinité bienfaisante, représentée sous la forme d'un long serpent lové sur lui-même, avait lieu le jour anniversaire de la fondation de la cité.

Le dieu Agathodaimon, protecteur des sépultures, était représenté dans le décor des catacombes de Kôm el-Chougafa (ci-dessus).

Exemple de la rencontre des cultes grec et égyptien, cette lampe en terre cuite représente un temple aux colonnes hathoriques dédié en fait à Aphrodite : les chapiteaux prennent la forme de la déesse Hathor, tandis qu'à l'intérieur du temple on aperçoit la statue de l'équivalent grec de la divinité égyptienne, Aphrodite, s'essorant les cheveux au sortir du bain.

Le temple de Poséidon qui s'élevait sur le port remonte aux premières années du IIIe siècle av. J.-C. Bien qu'on ne possède pas d'éléments à ce sujet, on suppose que d'autres sanctuaires existaient, consacrés aux principaux représentants du panthéon hellénique, tels Zeus, Athéna ou Aphrodite.

Il est toutefois un point important des cultes alexandrins que l'on peut attribuer avec certitude à Ptolémée Ier : c'est la création d'une nouvelle divinité, Sarapis, dont le culte allait connaître une grande fortune et s'étendre, au-delà des rives alexandrines, sur tout le pourtour de la Méditerranée. Comme nous le décrit Tacite, il est né du croisement d'une tradition pharaonique, le culte d'Ouser-Hapi à Memphis, avec le panthéon hellénique – Zeus, le maître du monde, Asclépios, le dieu guérisseur, et Hadès, le dieu des enfers : «Beaucoup prétendent que c'est Esculape, parce qu'il guérit les malades; plusieurs en font Osiris, la plus ancienne divinité de l'Egypte ou Jupiter comme maître de toutes choses; la plupart aux attributs qu'il porte reconnaissent Pluton ou croient le deviner.»

Le temple de Sarapis (ci-dessus, sur une monnaie) dominait Alexandrie. Entre deux colonnes corinthiennes surmontées d'un fronton triangulaire avec un disque solaire au centre, la statue du dieu est reconnaissable à sa coiffure, un *calathos*, sorte de corbeille d'abondance, dont on retrouve la base sur cette autre statue de Sarapis, en sycomore, plus grande que nature.

Dieu barbu, identifiable à ses mèches enroulées sur le front, il rassemblait des pouvoirs bienfaisants qui allaient faire de lui l'un des grands dieux guérisseurs de la période hellénistique et romaine. Pour bâtir son sanctuaire, Ptolémée Ier choisit l'endroit le plus élevé sur l'acropole, dans la partie sud-ouest de la ville, un site visible de loin, notamment par les marins et les voyageurs qui arrivaient par mer. Ce premier édifice dont on ne connaît pas l'aspect fut remplacé sous Ptolémée III par un temple plus vaste.

Une nouvelle Athènes

Ptolémée Ier fit venir son ami Démétrios de Phalère, qui avait été maître à Athènes, afin qu'il procédât aux premiers achats pour l'installation de la Bibliothèque. Il fonda le Musée, institution royale qui rassemblait des savants de toutes spécialités. Ceux-ci classèrent les ouvrages,

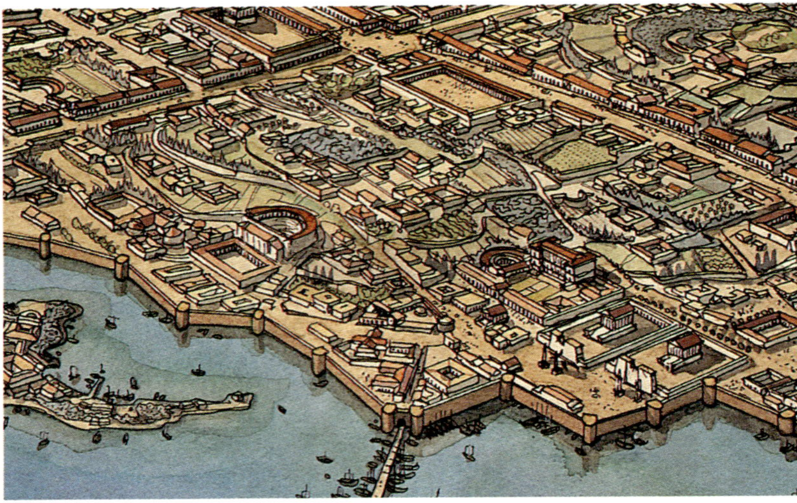

fixèrent les versions fiables et en nourrirent leurs recherches. Dès la première génération de chercheurs, on reconnaît des noms célèbres qui ont marqué leur époque, que ce soit en sciences, avec Eratosthène, ou en littérature, avec Callimaque, pour ne citer que deux d'entre eux.

Sôter installa ces savants dans le quartier des palais, là où lui-même logea désormais tout comme ses successeurs. Ceux-ci ajouteront chacun un nouveau palais à cet ensemble architectural, qui devait représenter une véritable cité interdite à l'intérieur de la ville, si l'on en croit Strabon.

En effet, le géographe séjournant à Alexandrie en 25 av. J.-C. la décrit ainsi : «La ville renferme des parcs splendides et les bâtiments royaux, qui occupent le quart, voire le tiers de la superficie totale, car chacun des rois, jaloux d'embellir à son tour les édifices publics de quelque nouvel ornement, ne l'était pas moins d'ajouter, à ses propres frais, une résidence à celles déjà existantes [...]. Tous ces édifices forment une construction continue, eux-mêmes et le port et même ceux qui s'étendent au-delà du port. Le *Mouseion* fait lui aussi partie des bâtiments royaux.»

Dans le quartier des Basileia, ci-dessus, étaient rassemblées, outre les palais royaux, les institutions du Musée et de la Bibliothèque. De ce célèbre bâtiment on n'a retrouvé aucun vestige, mais on peut penser que la Bibliothèque était conçue sur le modèle architectural du portique d'Attale, sur l'agora d'Athènes (page de droite). La fonction de bibliothèque qui était celle du portique a été confirmée par une inscription trouvée dans ses ruines, qui spécifiait l'interdiction d'emporter des papyrus en dehors de ces lieux.

Le bilan d'un grand bâtisseur

En 297 av. J.-C., lorsque est entreprise la construction du monument le plus célèbre de la ville, le Phare, Alexandrie a une trentaine d'années d'existence. La ville a déjà pris sa taille quasi définitive et elle est parée de ses principaux monuments.

Dès 285 av. J.-C., Ptolémée Ier associe au trône son fils Ptolémée II, bientôt surnommé Philadelphe, l'«Ami de sa sœur». A la mort de son père en 283, celui-ci s'avère un successeur remarquable sur tous les plans, gestion intérieure et expansion du royaume en mer Egée. Mais on lui a peut-être attribué une trop grande place dans la réalisation d'Alexandrie : la ville ébauchée par Alexandre fut largement mise en chantier par Sôter, et l'on a parfois confondu celui qui avait commandé les bâtiments qui ornaient la cité avec son fils qui, poursuivant l'œuvre paternelle, avait coupé le ruban lors de leur inauguration. C'est le cas du Phare qui était près d'être achevé quand survint la mort de Ptolémée Ier.

Ptolémée Ier figure, ceint d'un ruban, signe de la royauté, sur une monnaie d'argent datée de 306-285 av. J.-C. Comme sur ses autres portraits, on remarque les sourcils proéminents, le fort nez et le menton en galoche du général d'Alexandre.

Le nouveau bâtiment, outre sa fonction, devait servir aussi la propagande royale. Sans doute visait-elle dès le départ le classement du phare au nombre des Sept Merveilles du monde, à l'image de ce qu'avaient réussi les habitants de Rhodes quelques années auparavant, avec leur fameux Colosse. Il fallait donc que le monument soit exceptionnel. Et il le fut.

CHAPITRE II
LE PHARE : DIX-SEPT SIÈCLES D'EXISTENCE

Le Phare sur une monnaie du IIe siècle apr. J.-C. où l'on reconnaît les trois étages : le premier, quadrangulaire, avec porte d'entrée et fenêtres, se terminant en terrasse dont les angles sont ornés de Tritons; le deuxième, avec une fenêtre; le troisième, surmonté d'une statue. A droite, le Phare, d'après un manuscrit arabe; on distingue trois étages et, au sommet, le kiosque d'une mosquée ainsi que les volutes d'un brasier.

C'est un texte tardif, la Souda, lexique du Xe siècle apr. J.-C., qui évoque la construction du Phare et fixe le début des travaux en 297 av. J.-C. Selon une autre source, ils se seraient déroulés durant une quinzaine d'années, s'achevant au tout début du règne de Ptolémée II, en 283. Si ces dates, difficiles à vérifier dans leur précision, sont exactes, elles témoignent d'une efficacité remarquable, comparable à la construction du Parthénon qui n'a duré que seize ans, alors que certains temples de Haute-Egypte ont nécessité plusieurs siècles de travaux, faute de moyens pécuniaires dans la plupart des cas.

Pourtant la construction du Phare ne fut pas une mince affaire financière, et le prix du monument, exceptionnel, à la mesure de sa taille, est rappelé quatre siècles plus tard par Pline l'Ancien (Ier siècle apr. J.-C.) : le Phare a coûté à Ptolémée 800 talents. L'abondance d'argent et l'efficacité des ingénieurs ont permis de mener à bien le chantier dans un délai remarquable, mais il ne put être fini à temps pour être inauguré par son initiateur : là encore, il s'agit d'un monument commencé par Ptolémée Ier et terminé par son fils.

Le Colosse de Rhodes était une des Sept Merveilles du monde. Cette statue en bronze, haute d'une trentaine de mètres, avait été érigée après la levée du siège de la ville par Démétrios Poliorcète en 304 av. J.-C. L'impressionnante figure du Soleil couronné de rayons, divinité principale de l'île, n'enjambait pas l'entrée du port de Rhodes, contrairement à ce que montre la gravure ci-contre, mais était placée dans le sanctuaire d'Hélios sur l'acropole. Un tremblement de terre l'a terrassée en 228 av. J.-C.

Une œuvre de propagande

Le prestige a certainement joué un rôle primordial dans la construction de la tour. Il s'agissait de réaliser une œuvre monumentale qui frappe les imaginations, à l'image des autres bâtiments de la ville et à l'échelle même de la cité. La réussite dépassa toutes les espérances, puisque la tour allait être considérée comme le phare des phares et donner son nom à tous les phares du monde : le toponyme de l'île de Pharos est devenu Pharus en latin, puis a été adopté comme un nom commun dans toutes les langues latines.

Certes, d'autres bâtiments de la ville sont célèbres, tels la Grande Bibliothèque ou le tombeau d'Alexandre, mais c'est le Phare qui deviendra immédiatement le symbole de la cité et qui restera son emblème jusqu'à nos jours : il figure toujours sur les armes de la ville moderne d'Alexandrie.

L'Egypte pouvait s'enorgueillir de posséder deux des Merveilles du monde : la plus ancienne, les Pyramides de Gizeh (vers 2750 av. J.-C.), et la plus jeune, le Phare d'Alexandrie. Ci-dessus, Ptolémée II d'après un camée.

Un phare protecteur pour une côte dangereuse

La construction du Phare répondait aussi à un besoin vital. La côte était dangereuse car, nous dit Strabon, «elle est remplie d'écueils, les uns affleurant au-dessus de l'eau, les autres invisibles», et si l'on voulait développer le commerce maritime de la ville, il fallait guider en sécurité les marins vers le goulet d'entrée du port : la côte basse n'offrait aucun amer, aucun repère aux navigateurs qui découvraient la terre alors qu'ils en étaient fort près, parfois trop tardivement.

Les dangers encourus par les navigateurs sont illustrés par la découverte récente d'épaves de bateaux grecs et romains au large du Phare et du port est. Les capitaines parvenaient au terme de leur voyage en vue de la tour et d'Alexandrie, dont les monuments se profilaient à l'horizon, mais il arrivait que des tempêtes particulièrement violentes dans cette région de mer ouverte, en été comme en hiver, fassent heurter leurs navires contre une des barres rocheuses qui s'étendent parallèlement à la côte.

Un grand nombre de bateaux ont coulé alors que le Phare était en activité. Ces épaves datant du IVe siècle av. J.-C. jusqu'au VIIe apr. J.-C. procurent aux archéologues une documentation de première main sur un millénaire de commerce alexandrin avec le reste de la Méditerranée. Ci-dessus, une amphore qui faisait partie de la cargaison d'un bateau en provenance de l'île de Rhodes. Elle a été découverte reposant à une dizaine de mètres de profondeur au large du fort Qaitbay.

Les prédécesseurs du Phare : phares anciens dans le monde grec

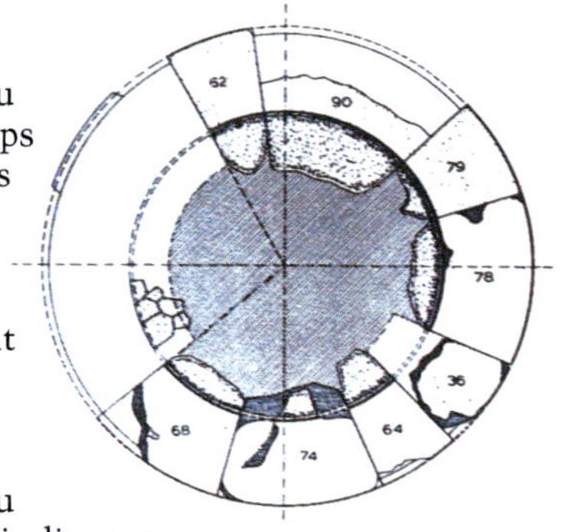

Certes, le Phare n'était pas le prototype du genre et les Grecs avaient depuis longtemps l'habitude de construire des tours avec des feux alimentés pendant la nuit, pour signaler aux capitaines les dangers des côtes. Ainsi, au Pirée, a-t-on retrouvé les restes de plusieurs phares qui se dressaient à l'entrée des ports d'Athènes, dès le Ve siècle av. J.-C., au temps de Périclès. Dans l'île de Thasos, située au nord de la mer Egée, on a pu identifier un phare du VIe siècle av. J.-C., grâce à une inscription indiquant sans aucun doute qu'il s'agissait d'une tour surmontée d'un feu pour guider les marins.

L'auteur du Phare : Sôstratos de Cnide?

«Sôstratos fils de Dexiphanès de Cnide a dédié ce monument aux dieux sauveurs pour le salut des navigateurs.» Telle est l'inscription dédicatoire du Phare, reconstituée par J. Letronne à partir des sources anciennes, Strabon et surtout Lucien, alors

Dans l'île de Thasos subsistent les vestiges d'un phare plus ancien que le Phare d'Alexandrie : le phare de Phanari, qui date du VIe siècle av. J.-C., est une tour cylindrique de 3,50 m de diamètre et d'une hauteur estimée à 2,54 m (ci-dessus, le plan). Il était couronné d'une assise en débord dans laquelle étaient encastrées les dalles de grès sur lesquelles le feu était entretenu, comme le montre la maquette ci-contre. Construit sans liant, le monument semble avoir été détruit par un tremblement de terre.

que la pierre qui portait l'inscription en grandes lettres de plomb était considérée jusqu'ici comme perdue. La formule semble claire, mais elle a pourtant fait couler beaucoup d'encre dans le cercle des spécialistes depuis plus d'un siècle et demi.

Ce Sôstratos, originaire de l'opulente cité de Cnide, dont les ruines imposantes sont situées sur la côte turque en face de Rhodes, est connu par ailleurs. Son nom figure sur des inscriptions lapidaires des sanctuaires d'Apollon à Delphes et à Délos. Il ne s'agit pas d'un simple architecte, contrairement à ce qu'écrit Pline l'Ancien, mais d'un personnage important, d'un «Ami des rois», d'un familier de Ptolémée Ier et de son fils.

On s'est longuement interrogé sur les raisons qui avaient poussé Ptolémée II à autoriser un particulier à dédier en son nom le monument emblématique de la ville. Pourquoi cette absence inhabituelle du nom des souverains? Faut-il les reconnaître dans les

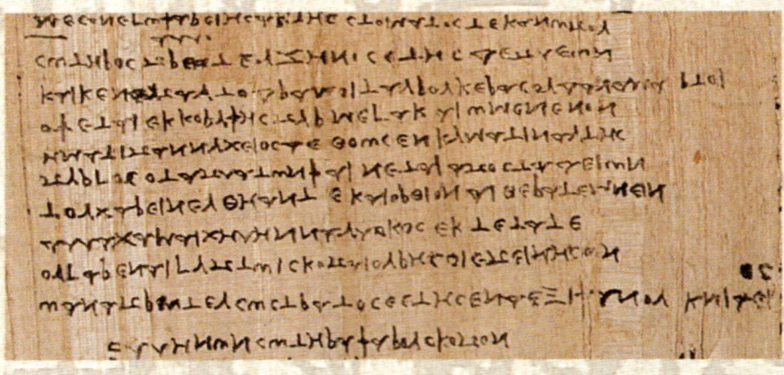

«Dieux Sauveurs», en se rappelant que c'est là le surnom de Ptolémée Ier et de son épouse? En fait, la solution est donnée par un papyrus conservé au musée du Louvre : il porte un poème en vers, une épigramme de Posidippos de Pella, poète célèbre au début du IIIe siècle av. J.-C., notamment à Alexandrie.

«Cette sauvegarde des Grecs, ce veilleur de Pharos, ô Seigneur Protée,
Sôstratos l'a érigé, fils de Déxiphanès de Cnide,
Car en Egypte tu n'as pas pour guettes des hauteurs sur des îles;
au ras de l'eau s'étend la baie où mouillent les bateaux.

L'épigramme de Posidippos de Pella (ci-dessus, à gauche) reprend sans doute l'inscription dédicatoire du Phare. Ses traducteurs ont souligné que l'épigramme indique de façon claire que la statue placée au sommet est celle de Zeus, plus précisément Zeus Sauveur, appellation qui évoque directement Ptolémée Sôter.

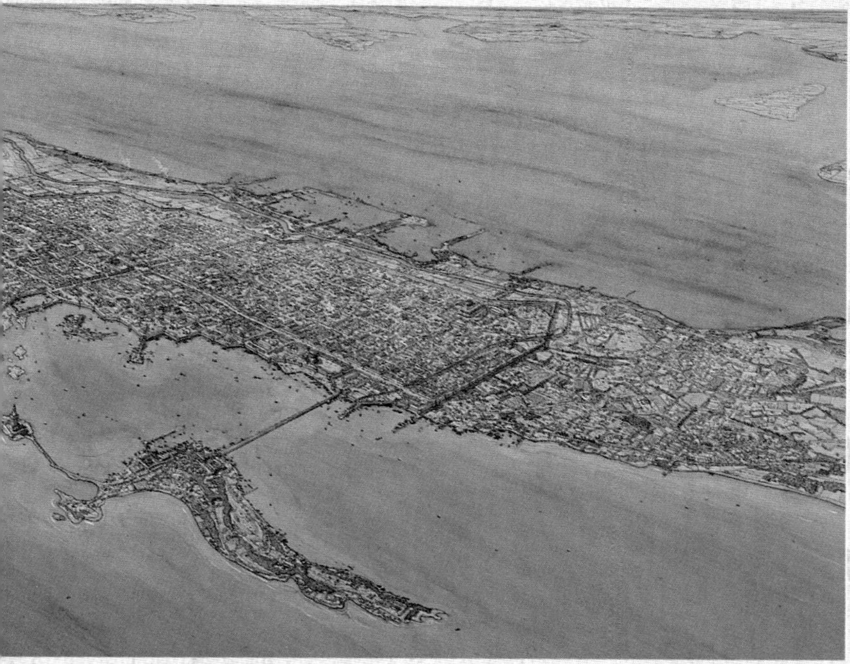

Voilà pourquoi, dressée toute droite, découpe le ciel
une tour visible à d'innombrables stades
durant le jour.
La nuit, bien vite, au milieu des vagues, le marin
apercevra le grand feu qui, au sommet, brûle,
et pourra courir droit sur la corne du Tauros, et qui navigue dans ces parages
ne saurait manquer, ô Protée, d'atteindre Zeus Sauveur.»

Le texte indique clairement que Sôstratos a offert la statue, et non le Phare lui-même.

L'endroit choisi pour la construction du Phare

Sur l'endroit où s'élevait le Phare, toutes les sources antiques semblent s'accorder : il a été bâti à la pointe orientale de l'île de Pharos à laquelle il était relié par une jetée, l'Heptastade. Un emplacement sur lequel, à la fin du XVe siècle, le sultan mamelouk Qaitbay

“Pharos est une île de forme oblongue, très rapprochée du rivage, et constitue avec lui un port à deux ouvertures [...]. La pointe même de l'île est un rocher battu de tous côtés et portant une tour faite en pierre blanche, admirablement construite, à plusieurs étages, du même nom que l'île.”

Strabon

[Le site d'Alexandrie vu du nord-ouest, depuis la mer vers le lac. Au premier plan, l'île de Pharos, reliée au continent par l'Heptastade.]

a construit un fort en utilisant les matériaux du Phare en ruine. L'hypothèse selon laquelle le rocher du Diamant, que l'on aperçoit au ras des flots par temps calme et qui semble menaçant dès qu'une tempête s'élève et que le creux de la houle le dénude sur plus d'un mètre de hauteur, ait pu être le socle du Phare est à écarter, en raison de l'étroitesse du lieu.

Si le site est certain, on a plus de mal en revanche à se représenter l'aspect de cette plate-forme qu'est l'îlot de Pharos, car Alexandrie a subi les effets de plusieurs phénomènes de subsidence et le sol de la ville s'est enfoncé de plusieurs mètres depuis l'Antiquité. Des géophysiciens procèdent actuellement à des mesures pour en déterminer l'amplitude (de 5 à 6 mètres, peut-être plus) et la chronologie. A partir de leurs études on espère pouvoir reconstituer un paysage fiable : suivant les hypothèses des contextes archéologiques,

Le fort actuel qui occupe la pointe orientale de l'île de Pharos fut construit sur les ruines du Phare en 1477 par le sultan mamelouk Ashraf Qaitbay. C'est à l'est de l'édifice (à gauche, sur la photographie) que s'étend le site antique, par 6 à 8 m de profondeur.

il semblerait en effet que la presqu'île formée par le fort Qaitbay ait été plus importante dans l'Antiquité et que le site fût relié par des chaussées à d'autres rochers plus à l'est. La fouille sous-marine de cette zone a permis de constater que les parois de ces îlots étaient recouverts de blocs taillés qui montrent qu'ils étaient aménagés.

Le rocher du Diamant vu par les savants de l'Expédition de Bonaparte (ci-dessus). Aujourd'hui, il affleure à peine au-dessus de l'eau, victime des bombardements de la Navy anglaise en 1882. Quelques rares éléments antiques ont été repérés dans ses parages.

La science à Alexandrie

L'Alexandrie des Ptolémées, trois siècles durant, connut dans le domaine de la littérature et de la science un développement extraordinaire : Eratosthène (v.284-v.192) calcule la circonférence du globe terrestre avec une erreur minime, Euclide (IIIe siècle av. J.-C.) invente la géométrie, Aristarque (310-230) déclare que nous vivons dans un système héliocentrique, sans parler des découvertes en médecine, avec Hérophile qui étudie le système nerveux et découvre le fonctionnement des artères.

Ces savants ne dédaignaient pas les sciences appliquées, bien au contraire. Archimède (287-212) mit au point la vis sans fin qui sert encore de nos jours aux fellahs égyptiens à puiser l'eau du Nil pour arroser leurs champs. Héron d'Alexandrie au début du Ier siècle apr. J.-C. reconnaît n'être que le successeur des ingénieurs qui ont vécu durant les siècles précédents,

Témoignages de la vie intellectuelle d'Alexandrie, les inventions des savants qui y travaillèrent nous sont connus par des manuscrits recopiés de siècle en siècle. Archimède de Syracuse (ci-dessous), l'un des grands mathématiciens du IIIe siècle av. J.-C., séjourna sans doute un temps à Alexandrie. On lui doit la vis sans fin appelée vis d'Archimède (ci-dessus).

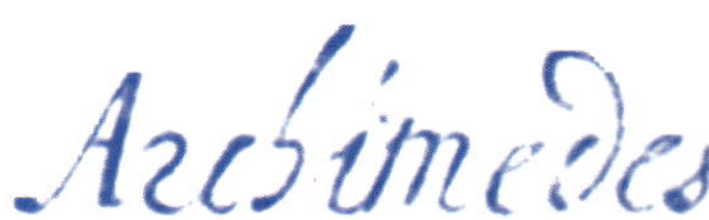

La tradition veut que Héron d'Alexandrie (à droite), ait commencé par exercer le métier de cordonnier avant de devenir un ingénieur remarquable dans les domaines de la mécanique, de l'optique, de l'hydraulique et de la pneumatique. En haut, un automate, où l'air expulsé par l'eau fait chanter les oiseaux et tourner la chouette, selon le principe du vase étanche alimenté par un jet d'eau.

Herone Alexandrini

❝On construit soit dans une fontaine, soit dans une grotte, ou partout où il y a de l'eau qui coule, plusieurs oiseaux et à côté d'eux une chouette qui se tournera automatiquement du côté des oiseaux puis du côté opposé; quand elle s'est détournée, les oiseaux chantent, quand elle se tourne vers eux, ils cessent de chanter. Et cela se répète.❞

Héron, «Pneumatique»

auxquels il doit son savoir : la liste des machines qu'il décrit laisse rêver sur l'imagination de ces savants et sur le degré étonnant de leur technique.

Un chantier digne des Pyramides

La construction du Phare est apparue comme un tour de force aux yeux des contemporains. Grâce aux collections systématiques de livres de toute provenance dans la Grande Bibliothèque, et notamment les ouvrages en langue égyptienne et leur traduction en grec, grâce aussi à leurs contacts avec les détenteurs du savoir égyptien, prêtres et artisans, grâce enfin à l'examen des chantiers de tradition pharaonique en cours (une série de temples en Haute-Egypte ont été bâtis sous les Ptolémées : Dendera, Edfou, Esna, Kôm Ombo, Philae entre autres), les ingénieurs grecs d'Alexandrie ont eu accès à la tradition trimillénaire des Egyptiens. Un certain nombre de détails montrent qu'ils ont dû employer pour la construction du Phare des artisans égyptiens.

Détail de la façade du fort Qaitbay, avec les assises en calcaire local, la pierre blanche du Mex.

Une pierre blanche

Strabon indique que le Phare était construit «en pierres blanches», ce que les différents traducteurs ont abusivement interprété comme du marbre. En fait, il est probable que la tour ait été bâtie en blocs de calcaire local, cette belle pierre blanche de la côte nord qui a servi à édifier la ville antique, tout comme le fort Qaitbay et la ville moderne.

Plusieurs temples de Haute-Egypte, comme celui de Dendera (ci-contre), sont l'œuvre des Ptolémées. Par ces constructions, et d'autres privilèges, les dynastes grecs ont voulu se concilier le puissant clergé égyptien.

L'aspect extrêmement blanc de ce calcaire, après un lissage approprié, a dû donner un éclat particulier au Phare. Les découvertes sous-marines portent à croire que les parties les plus critiques de l'ouvrage, celles qui demandaient des blocs d'une certaine taille difficilement réalisables en calcaire, furent exécutées en granite d'Assouan. Ce devait être notamment le cas des encadrements des portes et des fenêtres et en règle générale des points faibles du bâtiment. Une alternance de matériaux que l'on retrouve dans le fort mamelouk de Qaitbay.

Les bas-reliefs pharaoniques montrent comment les Egyptiens procédaient pour l'érection d'un obélisque ou la mise en hauteur d'un bloc lourd : ils mettaient en place des rampes et faisaient glisser les blocs sur des chariots de bois. C'est cette même méthode qu'a utilisée l'archéologue Georges Legrain lors de la restauration de Karnak au début du siècle (ci-dessous). Les Grecs procédaient plutôt par levage, une technique qu'adoptèrent les ingénieurs alexandrins.

A quoi ressemblait le Phare?

En mettant en œuvre les différentes sources écrites et les représentations du Phare, en les comparant de façon critique, on arrive à se faire une idée du bâtiment. Les 135 mètres de la tour lumineuse (les tours de la cathédrale de Strasbourg s'élèvent à 142 m) se répartissaient en trois étages, carré, puis octogonal et cylindrique au sommet. C'est ce que montrent clairement plusieurs émissions monétaires et surtout le phare hellénistique de Taposiris Magna.

Comme on peut le voir sur plusieurs monnaies et comme l'indique un auteur du début du XIIe siècle apr. J.-C., Abu al-Haggag Yusuf Ibn Muhammad al-Balawi al-Andalusî, une rampe permettait d'accéder à la porte du premier étage. Cette rampe reposait sur seize arches dont la dernière était assez haute pour permettre le passage d'un cavalier. La porte du premier étage était donc en hauteur, ce que confirmera au XIVe siècle le voyageur Ibn Battuta.

Le phare à trois étages reposant sur un large socle, avec un feu au sommet, qui apparaît sur le bas-relief d'un sarcophage romain (ci-dessus), est probablement le phare d'Ostie. Il aurait été construit selon le modèle de la tour d'Alexandrie.

A Taposiris Magna, à une quarantaine de kilomètres à l'ouest d'Alexandrie, un particulier a édifié un phare au-dessus de son tombeau souterrain. Datant du IIe siècle av. J.-C., c'est une copie au quart du Phare d'Alexandrie.

Le premier étage, qui reposait sur une plate-forme d'une dizaine de mètres de hauteur, était de section quadrangulaire et légèrement pyramidal. Selon al-Andalusî, il mesurait 71 mètres de haut sur une trentaine de côté, et une rampe intérieure menait au deuxième étage. Celle-ci, assez large pour que deux cavaliers puissent s'y croiser, était empruntée par les bêtes de somme qui apportaient le combustible nécessaire à l'alimentation du feu au sommet de la tour. Cinquante pièces étaient aménagées à l'intérieur de cet étage, servant au personnel d'entretien et au stockage du combustible. Des fenêtres, reconnaissables sur les monnaies comme sur une intaille de Montpellier, éclairaient ces pièces : elles étaient décalées et non pas alignées comme sur les reconstitutions. La tour n'était donc pas un bâtiment massif, au contraire des Pyramides, mais aménagé comme les pylônes de certains temples égyptiens. Non loin d'Alexandrie, l'enceinte du temple d'Osiris bâti par Ptolémée II et donc contemporain du Phare a conservé ses pylônes d'apparence massive mais en fait creux, pourvus de plusieurs pièces de service auxquelles on accédait par un escalier intérieur. Elles peuvent donner un exemple du mode de construction du premier étage du Phare.

Cette lanterne en terre cuite reproduit le Phare avec ses trois étages, carré, octogonal et cylindrique.

La rampe aboutissait à une terrasse. Les monnaies montrent parfois la rambarde (de 2,30 m de haut) avec, aux angles, des Tritons soufflant dans des cornes. Ce système devait être utilisé en temps de brume : les Alexandrins modernes craignent ces

Sur la mosaïque de Sepphoris, le Phare identifié par le nom de la ville écrit en grec, est représenté comme une tour cylindrique .

brumes de printemps, lorsque souffle le vent du sud. Elles peuvent être fort épaisses et entraîner bien des désagréments, voire de réels dangers, tant sur terre qu'en mer.

Le deuxième étage était de section octogonale et, aux dires de l'Andalou, il mesurait 34 mètres de hauteur. Un escalier intérieur de trente-deux marches menait à l'étage supérieur.

Le dernier étage était le moins haut : 9 mètres, toujours selon al-Andalusî. Il était cylindrique, avec un escalier intérieur de dix-huit marches.

Les descriptions arabes nous donnent des aménagements supérieurs une image de leur temps : à la fin du IXe siècle, après un séisme qui avait détruit le troisième étage antique, le sultan Ahmed Ibn Touloun avait construit un oratoire qui faisait du Phare la mosquée la plus haute du monde. Voilà ce qui explique sans doute que certains minarets, dont celui de la mosquée que ce même sultan a bâtie au Caire, suivent le modèle architectural du Phare, avec la succession des trois étages.

Différentes monnaies de bronze frappées à Alexandrie depuis l'an XI du règne de Domitien (91-92 apr. J.-C.) jusqu'à l'an XXIX du règne de Commode (188-189 apr. J.-C.), représentent le Phare. Sur certaines pièces, l'édifice comporte deux étages, sur d'autres trois. Les Tritons de la terrasse du premier étage et la statue au sommet sont une constante. Sur l'une (ci-dessous, à gauche), figure une statue d'Isis Pharia tendant une voile gonflée; elle protégeait les marins. La représentation la plus précise est celle du bas, qui montre bien les fenêtres qui éclairaient la rampe intérieure menant à la terrasse et les nombreuses pièces que comportait le Phare.

Une ultime tentative de restitution

A toutes les époques, on a cherché à reconstituer des images du Phare. Ici, Jean-Claude Golvin, architecte du CNRS, a tenu compte à la fois de l'étude fondamentale d'un archéologue allemand du début du siècle, Hermann Thiersch (1909), des dimensions fournies par l'Andalou, ce voyageur du xiie siècle, et aussi des données des fouilles sous-marines les plus récentes. On retrouve donc les trois étages, quadrangulaire, octogonal et cylindrique, surmontés de la statue de Zeus Sôter, le tout sur 135 mètres de haut. Faisant face au large, les deux colosses du roi Ptolémée et de la reine, tout récemment retrouvés au cours des fouilles sous-marines, semblent accueillir les navires. Sur l'illustration ci-contre, l'écorché montre l'intérieur de la tour, le puits central, la rampe et l'aménagement des pièces. Il faut signaler que la rampe extérieure à degrés menant à la porte principale n'est pas conforme aux dernières hypothèses : elle devrait en effet comporter seize arcades.

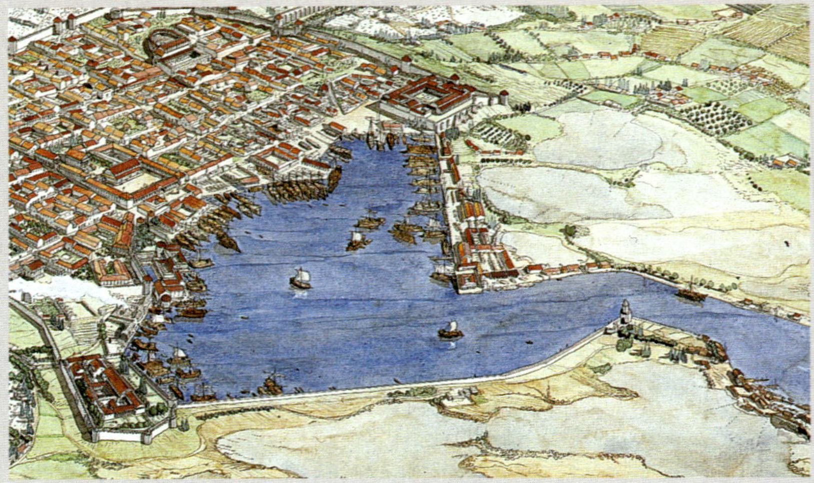

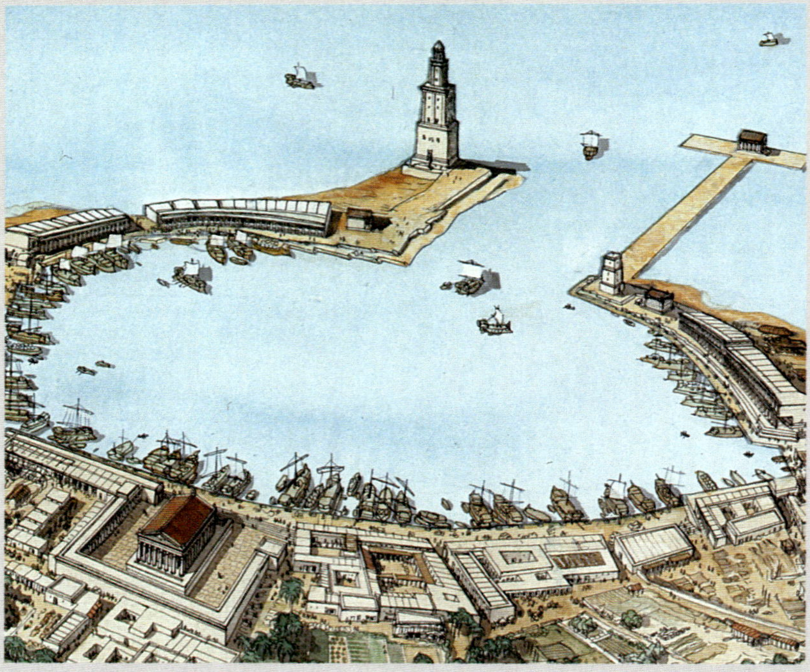

Les phares antiques

Durant la période hellénistique et romaine, les échanges commerciaux sont intenses dans toute la Méditerranée. Les côtes basses offrent peu de points de repère aux marins et de nombreux phares avaient été construits. Jean-Claude Golvin a pu ainsi rendre compte de leur forme et de leur position dans quatre ports importants. Page de gauche, en haut, Fréjus, sur la côte française, en bas, Leptis Magna, sur la côte libyenne, ci-dessus, Taposiris Magna, encore visible à 48 km à l'ouest d'Alexandrie, enfin, ci-contre, Césarée de Palestine, sur la côte israélienne.

La statue qui coiffait le Phare

Grâce au poème de Posidippos, on sait que la statue qui coiffait le Phare était celle de Zeus, du moins pendant la première moitié du IIIe siècle av. J.-C.

Une intaille en verre récemment publiée montre le Phare surmonté de la statue d'un homme nu, tenant une lance dans la main gauche et un objet – peut-être une phiale, coupe plate – dans celle de droite. De part et d'autre de l'édifice figurent Isis Pharia et Poséidon, deux divinités qui possédaient des temples sur l'île de Pharos, non loin de la tour. Le fait que cette intaille date du Ier siècle apr. J.-C. semble indiquer que la statue de Zeus serait restée en place au moins pendant toute la période ptolémaïque. Mais la question est loin d'être tranchée.

Un gobelet de verre faisant partie d'un trésor trouvé à Begram, au nord de Kaboul, sans doute un souvenir qu'un touriste grec avait acheté lors d'une visite à Alexandrie, évoque une autre interprétation. En effet, la figure qui surmonte le Phare porte une rame de bateau, ce qui tendrait à l'identifier à Poséidon, et ce vase à boire date du IIe siècle av. J.-C. C'est également de Poséidon que parle un texte du Ve siècle apr. J.-C., qui mentionne une réparation apportée à la tour par un certain Ammonios. En revanche, une mosaïque

Sur la mosaïque de Qasr el-Libya, ci-dessus, la tour (dont on reconnaît la rampe d'accès) est surmontée d'une statue d'Hélios couronné de rayons; un autre colosse est dressé sur une haute base voisine. Antérieure de cinq siècles, l'intaille de verre bleu (à gauche et relevé ci-dessous) montre le Phare avec les statues de Zeus, d'Isis Pharia et de Poséidon.

découverte à Qasr el-Libya et datée de 539 apr. J.-C. montre Hélios au sommet du Phare.

Faut-il donc envisager ces témoignages dans leur diachronie et supposer une succession de statues? La première, celle de la construction de la tour, le Zeus Sauveur offert par Sôstratos, aurait veillé sur les marins jusqu'au début de l'époque romaine. Le roi des dieux était vénéré comme l'ancêtre des Ptolémées et il apparaissait sur les monnaies, sous la forme de Zeus-Ammon, le dieu cornu de l'oasis de Siwa, ou sous l'aspect d'un aigle agrippant de ses serres le foudre du maître de l'Olympe. Ce Zeus Sauveur, symbole trop patent de la dynastie des Ptolémées, aurait-il été remplacé par le pouvoir romain, qui fait de l'Egypte une province de l'Empire en 30 av. J.-C., au profit d'une statue de Poséidon, comme celle du verre de Begram? Le maître des flots aurait-il lui-même cédé la place à la divinité envahissante de la fin de l'Antiquité, le Soleil?

Cette logique se heurte à un fait historique primordial : l'édit de la suppression de tous les cultes païens promulgué par Théodose en 391. On sait qu'à Alexandrie cette décision fut sévèrement appliquée, parfois violemment, comme dans le cas de la destruction du sanctuaire de Sarapis par les troupes de Byzance. Il est donc difficilement concevable qu'une statue d'une divinité païenne, Poséidon ou Hélios, soit restée en haut du monument symbolique de la ville. On imaginerait volontiers son remplacement par une statue du Christ ou de saint Marc, le patron de la ville, avant qu'au IXe siècle Ahmed Ibn Touloun n'y installe une mosquée.

Autre objet portant la représentation du Phare, le gobelet en verre trouvé à Begram, au nord de Kaboul. Au sommet de la tour, on remarque une statue tenant une rame, sans doute Poséidon. Le deuxième étage n'est pas ici indiqué.

Une mosaïque romaine du IIe siècle apr. J.-C. montre, en premier plan, une imposante chaussée qui mène à un phare à trois étages. L'étage supérieur cylindrique est coiffé d'une statue masculine qui tient une lance. Il peut s'agir du Phare d'Alexandrie.

Sur la mosaïque de la chapelle de Saint-Jean à Jerash (Jordanie), le phare est isolé du reste de la ville, dont le nom est indiqué par une inscription (ci-dessous). En raison de son état incomplet, on ne voit que deux étages de l'édifice, l'un carré et l'autre hexagonal (à droite de l'ensemble).

Le Phare vu par les voyageurs

Alexandrie, ville chrétienne depuis 391, fait partie de l'Empire byzantin, avant d'être conquise en 640 par le général Amr, au service du calife Omar. C'est encore un centre intellectuel : l'école d'Alexandrie survivra jusqu'au VIe siècle. C'est aussi une place commerciale importante, qui fournit Byzance en blé. La prospérité de la ville durera jusqu'au XIVe siècle. Nombre de voyageurs la visitent ou y séjournent, laissant des témoignages du Phare, son principal monument.

Procope de Gaza raconte que l'empereur Anastase Ier fit réparer les substructions ébranlées par

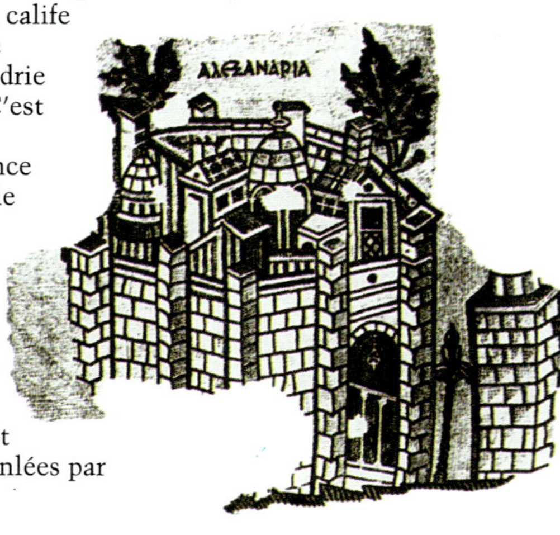

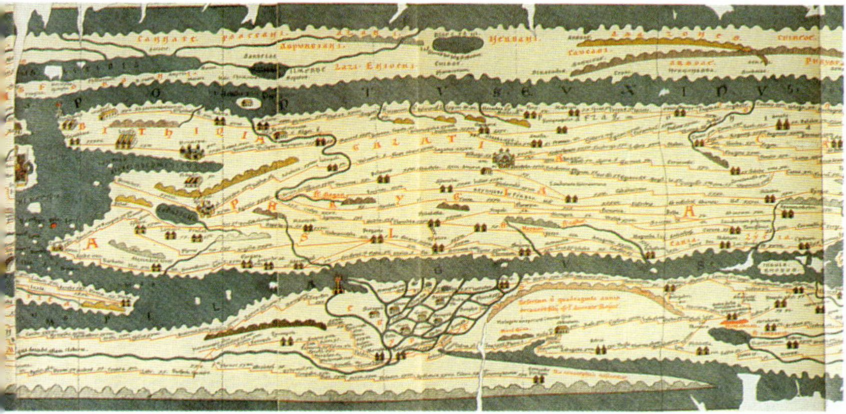

les eaux et donne même le nom, Ammonios, de l'auteur des travaux.

L'évêque français Aroulfe qui se trouve à Alexandrie en 670 mentionne la tour Pharus et son rôle : «Des hommes sont donc employés [sur la tour Pharus] à mettre le feu à des torches et à des piles de bois qui ont été rassemblées [là, et qui] servent de point de repère pour [s'approcher de ce] pays. Elles indiquent l'étroite entrée du passage, la direction des vagues et les détours de l'entrée [...]. Car l'approche du port est étroite sur le côté droit, mais le port est large sur le côté gauche. Autour de l'île aussi, on a placé régulièrement des poutres de dimensions énormes pour empêcher les fondations de l'île de céder aux chocs continuels de la mer agitée, et d'être détruites; si bien que le chenal central, parmi les rochers irréguliers et les masses de terre effondrées, est indiscutablement toujours [en état] d'agitation, et il est dangereux pour les navires d'entrer par ce passage [toujours] agité.»

Autre témoignage en Occident et dernière représentation crédible du phare, celle donnée par la mosaïque de la chapelle de San Zeno, dans la basilique Saint-Marc à Venise. Réalisée vers 1200, elle montre le phare et un bateau sur lequel se trouve l'évangéliste venu à Alexandrie pour y fonder l'Eglise chrétienne.

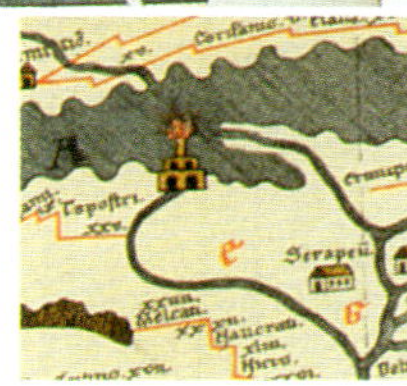

Sur la *Table de Peutinger*, carte établie en 1265 d'après un original remontant au IIe-IIIe siècle apr. J.-C., c'est le Phare qui signale la ville d'Alexandrie (ci-dessus).

Une mosaïque de la basilique de Venise représente saint Marc arrivant à Alexandrie (comme l'indique l'inscription en latin). Le Phare est encore debout à cette époque, avec ses trois étages couronnés par la coupole de la mosquée installée par le sultan Ibn Touloun à la fin du IXe siècle apr. J.-C (pages suivantes).

ALEXĀDRIĀ·PERGIT NAVIGIO ALEX

Les manuscrits arabes, sources multiples de documentation

Yacoubi, originaire de Bagdad, fut vers 870 fonctionnaire en Egypte. Il ne manque pas de parler du Phare : «Alexandrie, grande et splendide cité, dont on ne peut décrire l'étendue et la beauté, [est] très riche en monuments antiques. Parmi ses prodigieux édifices, on compte le phare, situé au bord de la mer, à l'entrée du grand port, c'est une tour solide et bien construite, haute de 175 coudées, au sommet de laquelle se trouve un foyer où l'on allume des feux lorsque les vigies aperçoivent des navires loin au large.»

Edrisi, descendant des princes d'Afrique de la famille d'Edris, naquit à Ceuta vers 1099; après avoir visité tous les pays méditerranéens il se fixa à la cour du roi de Sicile Roger II. Il vint à Alexandrie en 1154 et décrit très précisément le Phare, de l'extérieur comme à l'intérieur. «On y remarque le phare fameux qui n'a pas son pareil au monde sous le rapport de la structure et sous celui de la solidité; car, indépendamment de ce qu'il est fait en excellentes pierres de l'espèce dite *caddzân*, les assises de ces pierres sont scellées les unes contre les autres avec du plomb fondu, et les jointures sont tellement adhérentes que le tout est indissoluble, bien que les flots de la mer, du côté du nord, frappent continuellement cet

Yacoubi, Edrisi, al-Andalusî ... nombreux furent les voyageurs, fonctionnaires ou marchands qui, provenant des diverses régions du monde arabe, séjournèrent à Alexandrie

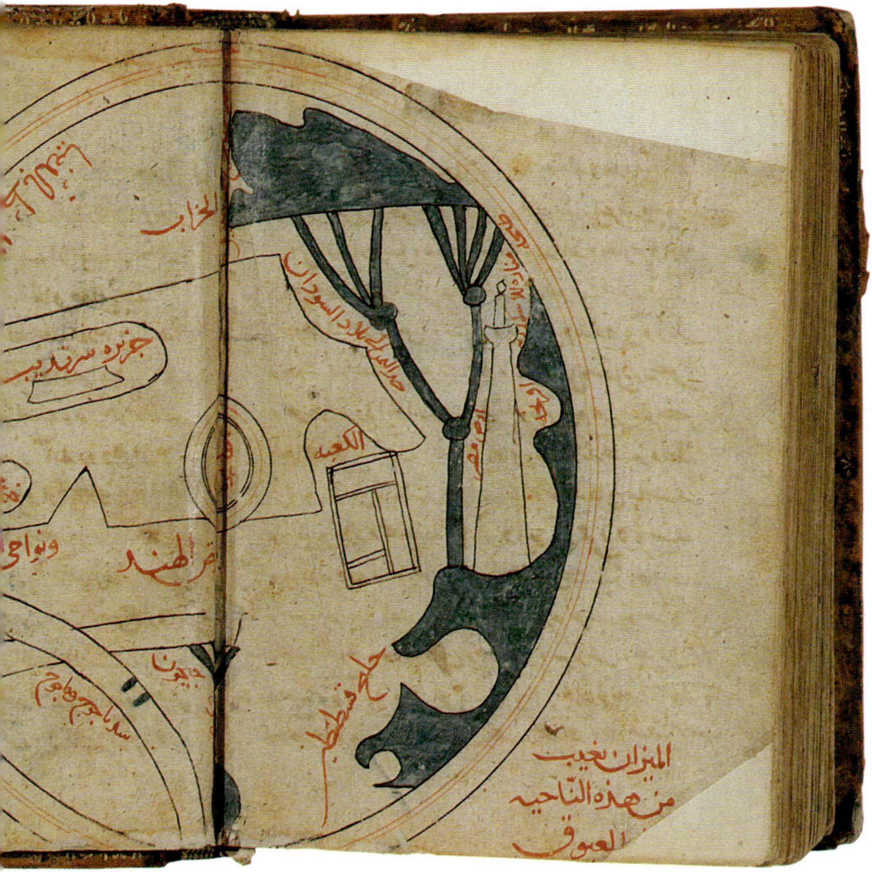

édifice. On y monte par un escalier large, construit dans l'intérieur, comme le sont ordinairement ceux qu'on pratique dans les tours des mosquées. Le premier escalier se termine vers le milieu du phare, et là l'édifice devient, par ses quatre côtés, plus étroit. Dans l'intérieur et sous l'escalier, on a construit des chambres. A partir de la galerie du milieu, le phare s'élève jusqu'à son sommet, en se rétrécissant de plus en plus, pas au-delà cependant

Recopiant un texte de 1126, ce manuscrit persan de 1410 apr. J.-C. comporte une carte sur laquelle on reconnaît le delta du Nil et à sa droite, le Phare d'Alexandrie.

qu'un homme n'en puisse toujours faire le tour en montant. De cette même galerie on monte de nouveau, pour atteindre le sommet, par un escalier de dimensions plus étroites que celles de l'escalier inférieur. Le phare est percé, dans toutes ses parties, de fenêtres destinées à procurer du jour aux personnes qui montent, et afin qu'elles puissent placer convenablement leurs pieds en montant. [...] Cet édifice est singulièrement remarquable, tant à cause de sa hauteur qu'à cause de sa solidité; il est très utile en ce qu'on y allume nuit et jour du feu pour servir de signal aux navigateurs; les gens des navires reconnaissent ce feu et se dirigent en conséquence, car il est visible d'une journée maritime [100 milles] de distance. Durant la nuit, il apparaît comme une étoile brillante; durant le jour on en distingue la fumée.»

L'Andalou, un témoin précieux

Parmi les témoignages les plus utiles, figure celui d'al-Andalusî, qui se rendit à Alexandrie lors d'un voyage en 1117. Il eut soin de visiter le Phare et de se livrer à une description cotée de la tour, la plus précise que l'on connaisse. Elle en donne une image qui s'accorde avec les représentations des monnaies.

Ainsi le présente-t-il : «L'entrée du Phare est placée très haut. On y accède par une longue rampe de 183 mètres. Celle-ci repose sur une série d'arches [...]. Une fois arrivés en haut du premier étage, nous avons mesuré sa hauteur au-dessus du sol avec un bout de corde

La Bibliothèque nationale de France, à Paris, possède six manuscrits arabes, dont le plus ancien date de 1161, d'après les récits de ce voyageur le plus généralement connu sous le surnom d'al-Andalusî, l'Andalou, et qui est mort en 1169-1170. C'est d'un manuscrit du XVIe siècle que sont extraites ces deux représentations exceptionnelles du Phare. A gauche, on voit les trois étages du monument et la rampe sur arcades qui mène à la porte d'entrée. A droite, la vignette montre la statue sommitale, qui tient une sorte de bâton dans la main droite : est-ce un dernier avatar de Poséidon avec son trident ou plutôt un Hélios radié tenant une torche?

حديث صنم قادس الذي بناه ذو القرنين
وذلك في الاندلس في مجمع البحرين البحر الاسود وبحر الروم وفي
مجمع البحرين جزيرة قد بني فيها منارة من الحجر الاسود الذي
لا يعمل الحديد فيه شيئا ولا يشبه طولها مقدار مائة ذراع والثلث
مربعة الاسفل مدورة الاعلي مصمتة ليس لها باب وعلي راس المناره
صورة ادمي اسود كانه زنجي قد التحف بثوب من ذهب بالتحاف
عجيب لا يقدر احد ان يلتحف مثله وقد اصطبغ بالثوب واخرج منكبه
الايمن

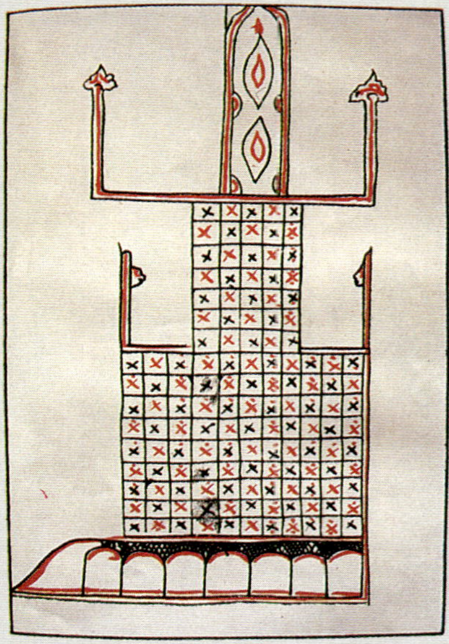

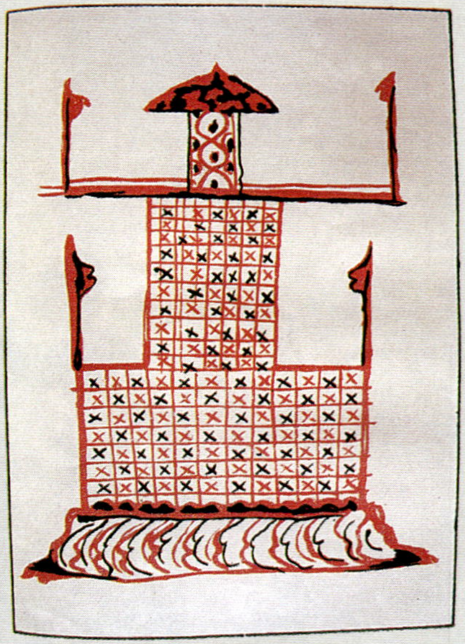

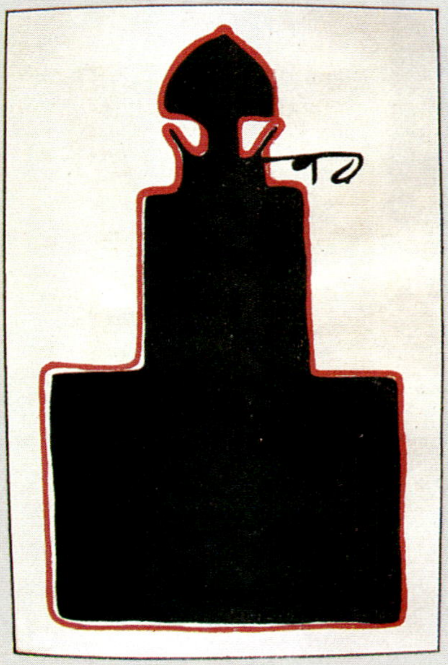

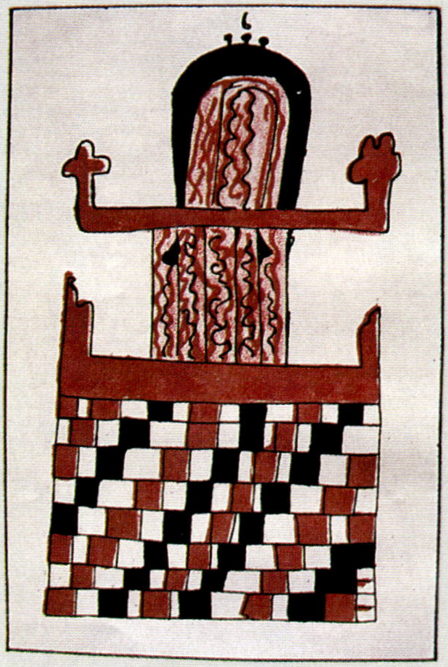

Les descriptions des auteurs arabes du XIVe siècle apr. J.-C., insistant souvent sur les caractères merveilleux de cette construction prodigieuse, dérivent d'Ibn el-Matauwa qui vivait au XIIIe siècle. Une constante se retrouve dans les dessins de ces manuscrits : les sortes d'appendices situés au niveau des terrasses (des foyers sur balanciers ou de simples fanions?) et une alternance de couleurs dans l'appareil régulier de la façade.

à laquelle nous avons attaché une pierre. Nous trouvâmes 57,73 mètres […]. Au centre de la terrasse de ce premier étage, l'édifice se prolongeait, mais avec une forme octogonale […]. Ce second étage était plus haut que le premier. En entrant nous vîmes un escalier qui comptait dix-huit marches et nous débouchâmes au centre de la seconde terrasse […]. L'édifice se prolongeait encore sous une forme cylindrique […]. Nous entrâmes et montâmes trente et une marches pour arriver au troisième étage dont nous mesurâmes la hauteur avec notre corde : 7,32 mètres. Sur la terrasse de ce troisième étage, il y avait une mosquée avec quatre portes et une coupole.»

Autre exemple, du XVIIIe siècle cette fois, d'un manuscrit arabe recopiant le texte de l'Andalou. La rampe compte dix-sept arcades (contre seize indiquées dans le texte) et la tour est de plus en plus élancée avec un deuxième étage exagérément élevé. En haut, à droite, le texte en occitan qui rend compte de la fin du Phare.

Le phare et les tremblements de terre

L'historien-géographe arabe Ali al-Mas'udi, né à Bagdad et mort au Caire vers 956, raconte la détérioration progressive du Phare et de la ville d'Alexandrie par des séismes et des affaissements de terrain. Il en dresse la liste, et fait le compte des dégâts, des frayeurs de la population et des conséquences sur toute la ville.

Le «coup de grâce» semble avoir été donné par un tremblement de terre doublé d'un raz de marée en 1303. Un cartulaire de Montpellier, écrit en occitan, le confirme en donnant la date de la destruction :

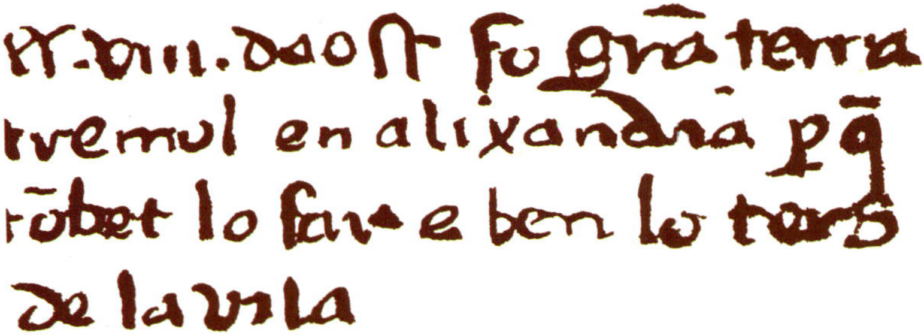

«En l'an 1303, le 8 août il y eut un grand tremblement de terre en Alexandrie qui fit tomber le phare et bien le tiers de la ville.» Il ne semble pas pourtant qu'il se soit effondré tout d'un coup. En effet, en avril 1349, Ibn Battuta écrit : «Etant allé au Phare à mon retour du Maghrib, en l'an 750 H, je constatai que son état de délabrement était tel qu'il n'était plus possible d'y entrer, ni d'arriver à la porte y donnant accès.» Le phare resta en ruine plus d'un siècle et demi, jusqu'à ce que le sultan Qaitbay utilise ses fondations pour y construire un fortin.

Sur ce plan d'un manuscrit turc du XVIe siècle, soit deux siècles après la destruction du Phare, l'entrée du port d'Alexandrie est commandée par le fort Qaitbay à droite et le Pharillon, à gauche. L'isthme qui s'est formé autour de l'Heptastade servira à l'installation de la ville ottomane.

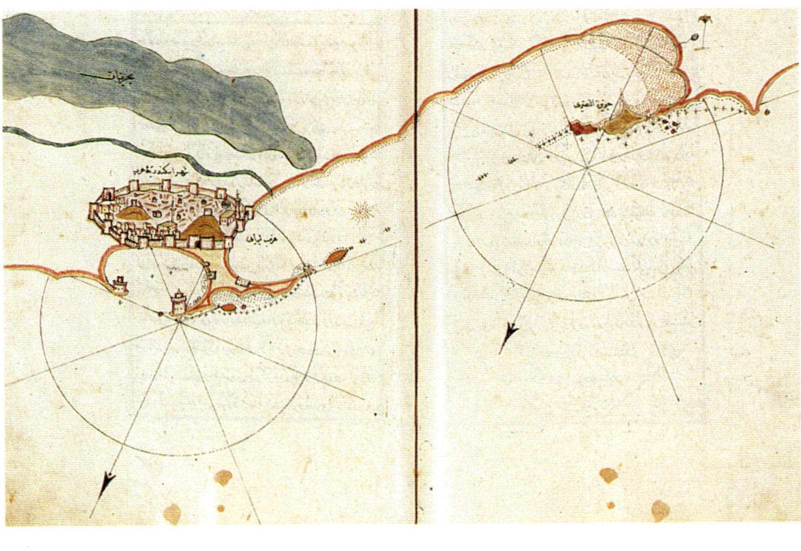

« C'est la plus haute tour à Alexandrie, et c'était une des sept merveilles du monde. Elle se dressait en effet sur quatre grands crabes de verre qui reposaient sur le fond à vingt pieds sous l'eau de la mer, et sur lesquels elle avait été construite, édifiée en énormes blocs de pierre, jusqu'en haut. A son sommet un feu ardent brillait toujours, qui, brillant au loin sur la mer, indiquait le port aux navigateurs durant la nuit. »

Félix Fabri,
Récit de voyage, 1483

CHAPITRE III

LE MYTHE

Une miniature médiévale fait du Phare (à droite) une tour défensive, d'où deux hommes repoussent des assaillants. En 1721, J. B. Fischer von Erlach dote le phare de six étages quadrangulaires avec une façade concave, qui reposent sur une base circulaire. En fond, Alexandrie ressemble à une cité prussienne du temps de Frédéric II.

Alors que le Phare est encore en activité, des descriptions médiévales accentuent son côté merveilleux, donnant naissance à une architecture fantastique, presque onirique. De manuscrit en manuscrit, le récit s'amplifie, devient de plus en plus précis dans les anecdotes, donnant les circonstances et les noms de tel prodige. Le texte multiplie les détails qui veulent rendre la description vraisemblable au lecteur émerveillé.

Un phare qui parle et crache le feu

Ainsi, le Phare prend des proportions de tour sans fin, avec une hauteur de 1 000 brasses, soit presque 2 kilomètres, rien de moins! On en attribue la construction parfois à un pharaon, mais le plus souvent à Alexandre. Aucun ennemi ne pouvait attaquer de mer, car du haut de la tour, le conquérant pouvait observer les éventuels assaillants.

Il était aussi prévenu de l'arrivée de bateaux ennemis par une statue qui tendait le bras vers la mer et, lorsque ceux-ci étaient

L'Egypte antique d'après le *Livre des merveilles du monde* (XVe siècle), ci-dessus : au premier plan, des adorateurs devant la statue du taureau Apis; autour, des animaux monstrueux venus s'abreuver sur les rives du Nil. Au fond, une tour médiévale crénelée de forme cylindrique : c'est le Phare. Beaucoup plus proche des représentations antiques, le Phare est vu ci-contre par Pirro Ligorio. S'inspirant des monnaies, il reproduit trois étages, mais tous de même forme, sans comprendre la différence de l'un à l'autre. Il met en bonne place, non seulement sur la terrasse du premier étage, mais aussi sur celle du troisième, des Centaures, à la place des Tritons, monstres marins mi-hommes mi-poissons.

à portée de vue, émettait une voix terrible qui portait à plus de 3 kilomètres. C'est peut-être le dernier avatar des Tritons avec leurs conques qui ornent les angles de la terrasse du premier étage sur les monnaies du IIe siècle apr. J.-C. Si, à cette mise en garde, l'ennemi ne renonçait pas, les gardiens qui se tenaient en haut du Phare orientaient vers les bateaux un immense miroir en fer chinois, de 10 brasses sur 6 (soit presque 60 mètres carrés), et ils les embrasaient, exterminant tout le monde.

A l'extérieur des remparts d'une ville forte d'Occident, sur un rocher, le Phare, surmonté d'un brasier impressionnant. La tour est entièrement cylindrique mais la rampe d'accès subsiste.

Le stratagème de l'espion franc

Le système défensif de cette tour de guerre montre l'obsession des Alexandrins du Moyen Age vis-à-vis des razzias des Croisés : Normands de Sicile, Génois, Francs de Chypre se sont succédé sur les côtes de la ville. Le récit du pillage de 1365 par Pierre Ier de

Deux obélisques avaient été placés par Auguste à l'entrée du Césaréum, sanctuaire du culte impérial. L'un (couché sur cette aquarelle de Vivant Denon) fut envoyé à Londres en 1877, l'autre (debout) à New York en 1879. En le démontant, on trouva l'un des quatre crabes de bronze placés aux angles de la base pour en assurer l'équilibre.

Lusignan, à la fois par des sources arabes et occidentales, rappelle la violence de ces opérations. Dans différentes chroniques, apparaît un récit similaire : après s'être converti à l'islam, un Franc devint l'ami du sultan Ahmed Ibn Touloun. Il convainquit ce dernier qu'Alexandre avait enterré ses trésors sous le Phare et qu'il fallait y entreprendre des fouilles. On commença alors à démonter la tour. Estimant son travail fait, et craignant d'être démasqué, le Franc s'enfuit : on le chercha en vain.

Comprenant soudain qu'il s'agissait d'un espion dont la mission était de détruire cette tour si efficace pour repérer et anéantir les flottes ennemies, Ibn Touloun fit arrêter le démontage et répara les dégâts infligés au bâtiment. Il s'agit là d'une version merveilleuse de l'histoire – réelle celle-ci – des réparations que ce sultan opéra sur la tour, après que le troisième étage se fut effondré sous l'effet d'un violent séisme.

De merveille en merveille

Certains auteurs sont impressionnés par les autres statues qui ornent l'édifice : l'une lève le bras vers le soleil, quelle que soit sa position, tournant avec lui, levant le bras et l'abaissant suivant sa course. La nuit, une troisième statue, appelée «le compteur de la nuit», égrenait les heures avec une voix forte et harmonieuse. De même, l'intérieur de la tour donne lieu à des descriptions fabuleuses; on y décrit des pièces innombrables, dans lesquelles des cavaliers se sont perdus, ne pouvant retrouver la sortie. Certaines pièces sont immenses et mesurent 20 brasses de côté, soit 400 mètres carrés.

Selon un chroniqueur, la tour reposait sur quatre crabes de métal avec des arcs et des voûtes de verre : il s'agit là sans doute d'un amalgame avec les «Aiguilles de Cléopâtre». Ces obélisques qu'Auguste avait fait venir d'Héliopolis pour marquer l'entrée du Césaréum reposaient effectivement sur quatre crabes de bronze. On en a retrouvé un en place lors de l'enlèvement de l'obélisque oriental en 1879.

La confusion a été également entretenue par un récit de Yacoubi de Bagdad (vers 870). Exprimant son admiration pour la ville, il évoque successivement le Phare et les obélisques avec leurs crabes : «Alexandrie, grande et splendide cité, dont on ne peut décrire l'étendue et la beauté, est très riche en monuments antiques. Parmi ses prodigieux édifices

Devant une cité aux allures orientales, le Phare avec ses trois étages quadrangulaires surmontés d'une boule radiée, symbole du foyer qui irradiait le sommet de la tour.

L'inscription indique qu'il s'agit d'Alexandrie. Page de gauche, au Caire, le minaret de la mosquée bâtie par Ibn Touloun, le sultan qui fit élever un oratoire au sommet du Phare.

[...] il y a aussi les deux obélisques en pierres bigarrées, reposant sur des écrevisses de cuivre, et recouvertes d'inscriptions anciennes.»

Enfin, les souterrains du Phare sont aussi l'objet d'admiration mêlé d'effroi : on raconte qu'un groupe de cavaliers maghrébins s'y est perdu. Trompés par les pièges qui les ont fait descendre vers le crabe de verre et l'ouverture vers la mer, ils périrent noyés. Il semblait évident que les architectes avaient prévu des pièges pour se débarrasser des ennemis et aussi pour protéger les richesses enfouies à la base du phare. Systèmes de protection contre les flottes hostiles, réduisant en cendres les vaisseaux qui s'approchaient, taille démesurée : c'est surtout ce dernier trait qui sera retenu par les descriptions occidentales.

Le Phare vu d'Occident

Les représentations du Phare prennent la forme de gravures où le monument ressemble à une sorte de tour de Babel. Elevé au sommet d'une éminence rocheuse, c'est une ellipse pourvue d'une rampe extérieure qui mène au sommet où la fumée du foyer se mêle aux nuages. En contrebas, on voit un faubourg installé sur l'île de Pharos et au loin la ville qui ressemble à une opulente cité libre d'Allemagne, avec ses hautes maisons cossues à fronton et les puissants clochers d'une demi-douzaine d'églises.

Dans le couvent de Novacella, les Sept Merveilles du monde ont été peintes au XVIIe siècle par l'Autrichien Nicholas Schiel. L'ensemble est dit «La fresque du puits des Merveilles».

A mi-plan, l'Heptastade serpente harmonieusement vers le continent : sans doute était-ce le seul moyen que l'on ait trouvé de rendre visuellement les arches et de faire comprendre au spectateur qu'il s'agissait

Une des interprétations du Phare comme la tour de Babel, ici une gravure du XVIIIe siècle.

d'un pont sur la mer entre l'île et le continent. La présence au fond de montagnes bavaroises démontre que l'on n'avait pas compris l'utilité de l'entreprise alexandrine, oubliant Strabon qui expliquait la contruction du Phare pour parer aux dangers de l'accès au port, des écueils et aussi de la côte basse qui n'offre aucun repère.

Au cours du XVIe et du XVIIe siècle, on recopie à l'envi ces gravures : l'original serait-il dû à Maerten Van Heemskerck (1498-1574)? On le retrouve chez Philipp Galle (1537-1612) ou inversé chez I. Horenvogt.

L'imaginaire du Phare

Les artistes de la Renaissance ont inclus systématiquement le Phare dans leurs illustrations des Sept Merveilles du monde. Par des gravures répétées et diffusées dans toute l'Europe, le monument disparu s'est inscrit dans la mémoire collective. Cette rare peinture du Phare, d'une école du Nord, n'est en fait que l'exacte copie d'une gravure du XVIe siècle.

Alexandrie en flammes

César a été accusé d'avoir mis le feu à sa flotte pour empêcher les Alexandrins de s'en emparer. L'incendie s'était propagé aux bâtiments voisins du port, et notamment à un entrepôt de papyrus, ce qui a donné naissance à la légende selon laquelle César est responsable de l'incendie de la Bibliothèque. Le Phare est naturellement associé à cette scène du XIXe siècle. Sur d'autres gravures, il figure seul, associé à l'imaginaire des Sept Merveilles du monde.

Même aux époques les plus récentes, l'imagination continue de s'embraser

Plusieurs expéditions modernes furent lancées sur les ruines de la Merveille avec des résultats à la hauteur des espérances : ainsi en 1979, une mission italienne dirigée par Bruno Vailati et Paolo Curto procède à une exploration du site immergé. Leur étonnement et leur enthousiasme devant ces ruines «cyclopéennes», selon leur expression, sont traduits dans quelques articles où ils expliquent que la tour devait mesurer 180 mètres de hauteur et concluent qu'il serait bizarre qu'on se soit donné tant de mal pour construire seulement une tour de signalisation pour les marins. Le Phare, pour les deux Italiens, est tout autre chose : à sa base devait être enterré Alexandre le Grand; la tour est le Sôma, le signe surmonte le tombeau.

La même année, une autre mission, américaine cette fois, s'intéresse de près au Phare, et un livre intitulé *Le Projet Alexandrie* (1980) en décrit la méthode et les résultats : grâce à des médiums venus d'outre-Atlantique, une nouvelle chasse au tombeau d'Alexandre fut entreprise à travers les monuments de la ville et de ses environs. Les médiums, à force de concentration, repérèrent la trace du Sôma sur le site du Phare. Le livre se termine par le projet d'un seconde mission : «Nous n'avions jamais eu l'intention d'impliquer que le port était

Dans toute la ville moderne, le Phare est omniprésent. Aujourd'hui comme autrefois, il est le symbole de la cité : on le trouve à tous les coins de rue, ici au Gouvernorat, près du Musée gréco-romain où sont conservés certains des vestiges antiques qui en donnent une représentation.

NA DELLE SETTE MERAVIGLIE DEL MONDO

IL FARO
LESSANDRIA

complètement vierge de toute recherche. Ce qui importait, c'était la facilité atteinte lorsque nous combinions de bonnes données médiumniques à des sources littéraires anciennes et à un sonar.»

En conclusion, si l'on ne trouve pas le Sôma, c'est qu'il se trouve à un endroit où on ne l'a jamais cherché. Et d'une pierre, deux coups. Au pied du fort Qaitbay, on aurait à la fois le Phare et le Tombeau!

La vision imaginaire du Phare perdure jusqu'au début du XXe siècle, comme sur cette vignette publicitaire pour Liebig (en haut). Titre, ci-dessus, de l'article paru en 1980 après l'expédition italienne.

En octobre 1994, le Service archéologique égyptien demande au Centre d'études alexandrines de pratiquer une fouille sous-marine d'urgence sur les ruines immergées au pied du fort Qaitbay : plusieurs centaines de blocs de béton avaient été jetés à cet endroit pour protéger le fortin mamelouk, mais on s'était aperçu un peu tard qu'on recouvrait peu à peu un site antique pourtant connu depuis longtemps.

CHAPITRE IV

LES PIERRES DU PHARE

Octobre 1995 : l'équipe du Centre d'études alexandrines procède au levage et à la mise sur le quai de deux colonnes papyriformes provenant du site sous-marin. Ci-contre, l'archéologue Jean-Pierre Corteggiani examine l'une des trois têtes colossales de Ptolémées, en granite d'Assouan.

VOLUME the First.

OBSERVATIONS on *EGYPT*.

By *RICHARD POCOCKE*, LL.D. F.R.S.

L'existence de vestiges au pied du fort était bien connue. En témoigne l'Anglais Richard Pococke qui visite Alexandrie en 1737. Il se rend à l'est de l'ancienne île de Pharos et note la présence de blocs antiques autour du fort, les attribuant au Phare lui-même. Mais au XIXe siècle, la ville connaît une poussée d'urbanisme propre à décourager les institutions archéologiques : on fouille les grands sites pharaoniques, mais on ne s'intéresse pas à «d'obscures ruines gréco-romaines». Même Schliemann, le découvreur de Mycènes et de Troie, qui vient y chercher le tombeau d'Alexandre, renonce.

La redécouverte archéologique d'Alexandrie doit beaucoup aux directeurs du Musée gréco-romain, fondé en 1892. Les trois premiers directeurs, de nationalité italienne, Giuseppe Botti, Evaristo Breccia et Achille Adriani, vont également pendant presque un siècle mener des fouilles dans la ville et ses environs. Ils apporteront aussi leur soutien à des entreprises privées telle la mission Sieglin du baron Ernst von Sieglin à qui l'on doit notamment des

❝Et les colonnes visibles par [temps] calme [dans la mer] près de l'entrée du [fort] sont peut-être les restes de ce superbe bâtiment. Je vis ces colonnes quand je sortis sur un bateau, par beau temps, et que je pus voir le fond [de la mer].❞

Richard Pococke

fouilles dans les catacombes de Kôm el-Chougafa. Parmi les membres de cette expédition figure Hermann Thiersch, dont le nom va, jusqu'à nos jours, rester attaché à l'étude du Phare.

Thiersch redonne une image au Phare

Né à Munich en 1873, Hermann Thiersch a consacré l'essentiel de ses travaux au plus célèbre monument d'Alexandrie. Un voyage en Egypte en compagnie de son père est à l'origine de sa vocation; lors d'une excursion à Alexandrie, il visite le vieux phare d'Aboukir.

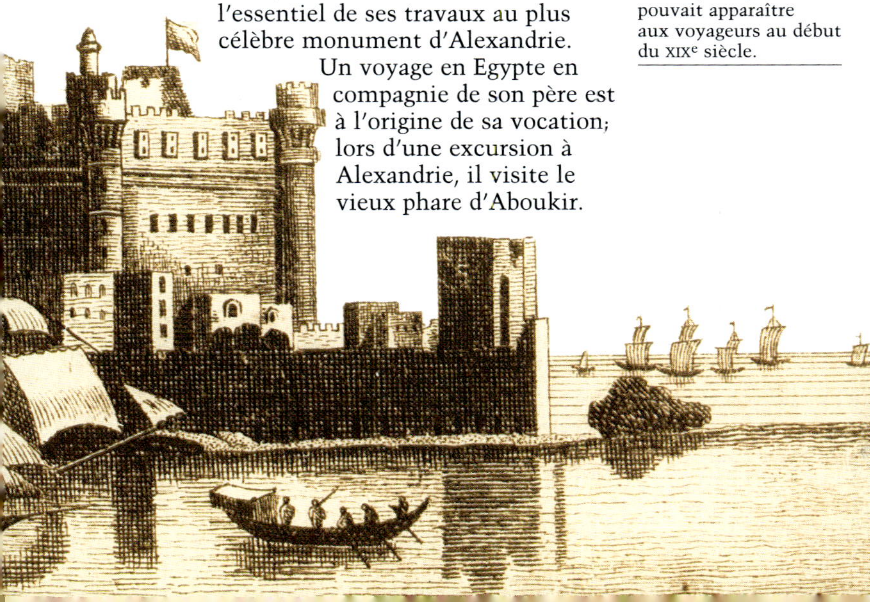

La mission Sieglin mène une grande campagne de fouilles à Alexandrie au début du siècle (ci-dessus, photographie de l'une d'entre elles). Ci-dessous, le fort Qaitbay tel qu'il pouvait apparaître aux voyageurs au début du XIXe siècle.

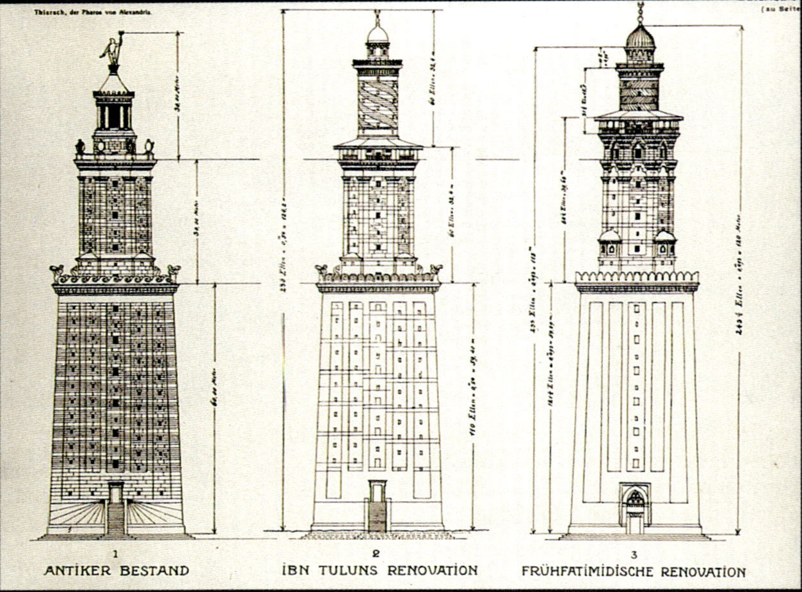
Thiersch, der Pharos von Alexandria.
1
ANTIKER BESTAND
2
IBN TULUNS RENOVATION
3
FRÜHFATIMIDISCHE RENOVATION

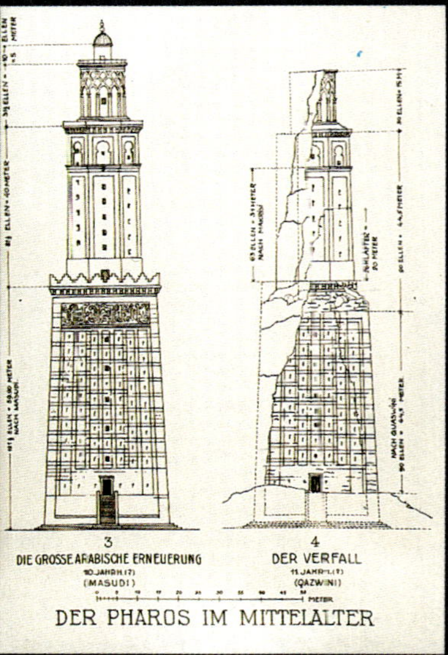
3
DIE GROSSE ARABISCHE ERNEUERUNG
10. JAHRH.(?)
(MASUDI)
4
DER VERFALL
11. JAHRH.(?)
(QAZWINI)
METER
DER PHAROS IM MITTELALTER

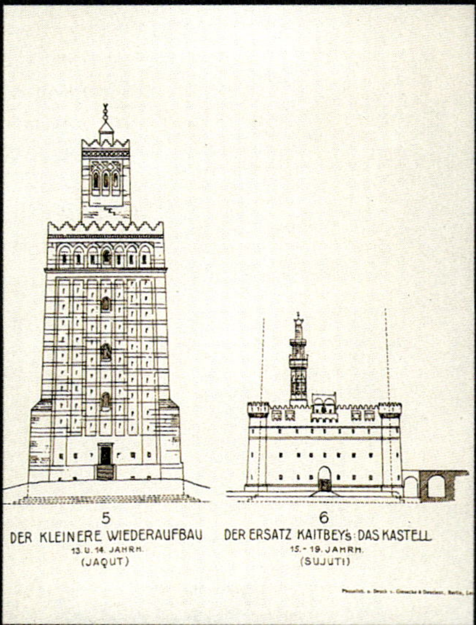
5
DER KLEINERE WIEDERAUFBAU
13. U. 14. JAHRH.
(JAQUT)
6
DER ERSATZ KAITBEY'S: DAS KASTELL
15.-19. JAHRH.
(SUJUTI)

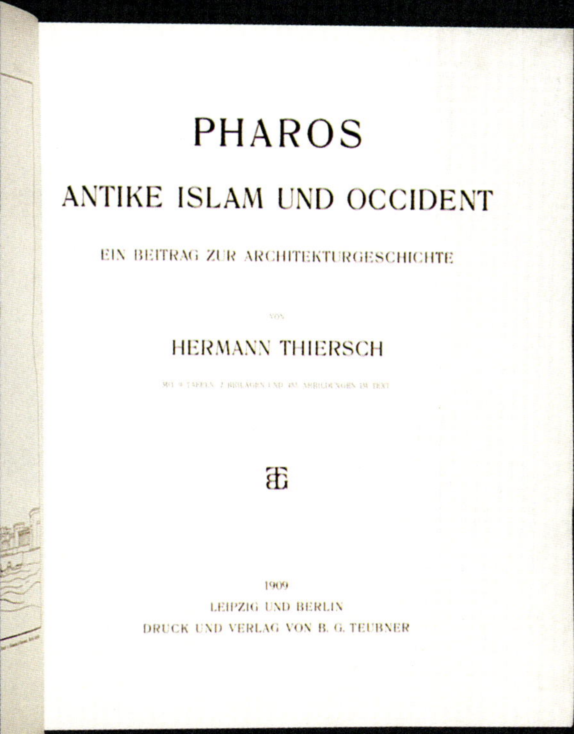

PHAROS

ANTIKE ISLAM UND OCCIDENT

EIN BEITRAG ZUR ARCHITEKTURGESCHICHTE

VON

HERMANN THIERSCH

MIT [illegible] TAFELN, 2 BEILAGEN UND [illegible] ABBILDUNGEN IM TEXT

1909

LEIPZIG UND BERLIN

DRUCK UND VERLAG VON B. G. TEUBNER

Les planches extraites du livre d'Hermann Thiersch (frontispice ci-contre) montrent les différents états du Phare selon les époques, depuis sa construction jusqu'au Moyen Age. Dans ses recherches, Thiersch avait recensé de façon quasi exhaustive les témoignages illustrés du Phare et les descriptions provenant de sources littéraires. S'il connaissait l'ensemble des monnaies, des découvertes plus récentes – mosaïques, gobelet de Begram, intaille bleue – ont donné de nouvelles informations.

Il restera neuf ans dans le pays. A l'exemple de chercheurs qui l'ont précédé, Thiersch pense que les fondations du Phare se trouvent sous le donjon du fort Qaitbay. Pour mener à bien la reconstitution de la tour antique, il étudie les manuscrits anciens et notamment les manuscrits arabes. Dans la préface de son livre *Pharos, Antike Islam und Occident* publié en 1909, conscient du caractère novateur de sa recherche et des limites de ses informations, Hermann Thiersch émet le vœu que d'autres, après lui, poursuivent la voie

Cette maquette du Phare (à gauche) a été réalisée vers 1980 par un artisan égyptien d'après les dessins d'Hermann Thiersch. Le portique qui entoure le Phare est un ajout abusif, de même l'alignement des fenêtres est fautif puisque celles-ci devant suivre la rampe intérieure étaient au contraire décalées.

Cette statue colossale de 7 m, brisée en deux fragments, est celle d'une reine lagide représentée en Isis. Il s'agit du premier vestige découvert sur le site par le plongeur égyptien Kamal Abou el-Saadat.

qu'il a ouverte. Vers 1916, c'est l'ingénieur français G. Jondet qui, par des sondages, peut affirmer que la citadelle recouvre bien le site même du Phare. Mais, comme pour tout ouvrage militaire, l'accès du fort est interdit. Et les techniques de plongée sous-marine encore peu performantes.

Les premières fouilles sous-marines

Honor Frost et Kamal Abou el-Saadat sur le site du Phare, en 1968. Ils effectuèrent ensemble six plongées, en octobre et novembre. Le plongeur égyptien trouvera la mort en 1984 au cours d'autres fouilles sous-marines sur l'épave de *l'Orient*, le bateau amiral de la flotte Bonaparte que Nelson avait envoyé par le fond à Aboukir.

Il faudra attendre le début des années 1960 pour qu'à nouveau l'attention se porte sur ce site. Le plongeur égyptien Kamal Abou el-Saadat est le premier à en souligner l'intérêt. Lorsqu'il entreprend d'explorer les fonds à la sortie du port, il est persuadé de l'importance archéologique des vestiges qu'il y découvre. Il réussit à convaincre la marine égyptienne de remonter en 1962 une statue colossale d'Isis que l'on peut admirer aujourd'hui sur la pelouse du Musée maritime.

Les efforts de Kamal Abou el-Saadat vont conduire les responsables à demander une expertise de l'Unesco, qui désigne Honor Frost en 1968. L'archéologue britannique et le plongeur égyptien travaillent de concert, s'attachant d'abord à établir le plan des fonds sous-marins en localisant notamment les pièces d'intérêt majeur. En 1975, Honor Frost publie dans l'*International Journal of Nautical Archeology* le premier article scientifique sur le site antique.

Les grandes campagnes de 1994 à 1997

C'est de ces deux expériences que va largement profiter le Centre d'études alexandrines (CEA), lorsque est décidé l'arrêt des travaux pour procéder à une expertise. La cinéaste égyptienne Asma el-Bakri donne un coup de pouce en déclenchant une campagne d'information.

C'était la première fois que l'on engageait autant de moyens sur ce site, avec les subsides fournis par l'Institut français d'archéologie orientale du Caire. Les campagnes suivantes seront financées par des mécènes, le groupe Elf-Aquitaine et la fondation EDF. La fouille est actuellement en cours et les résultats présentés ne sont donc que provisoires.

Il fallait avant tout s'y retrouver, dans ce chaos formé par 3 000 blocs architecturaux entremêlés, parfois sur plusieurs épaisseurs. Une cartographie du site fut le premier objectif. Pour cela, il fallut déplacer des dizaines de blocs grâce à des ballons gonflés d'air et profiter de cette occasion pour les dessiner sur toutes leurs faces. De ce long et fastidieux travail de topographie et de dessin architectural est née une carte électronique qui permet de sérier à la demande l'ensemble des pièces qui composent le site : ainsi, on peut demander la carte des bases de colonnes ou celle des sphinx, ou encore celle des blocs dont le poids dépasse 70 tonnes.

Tout d'abord, c'est le nombre de fûts de colonnes qui impressionne le plongeur : des centaines, pêle-mêle, de toutes tailles, avec des diamètres d'une grande variété, depuis quelques dizaines de

Sous l'eau, les dessins et les relevés architecturaux s'effectuent tout simplement sur un film transparent au moyen d'un crayon, d'une gomme d'architecte et d'un mètre de menuisier. Ce premier travail de terrain se poursuit au laboratoire, en transcrivant les données sur des programmes informatiques.

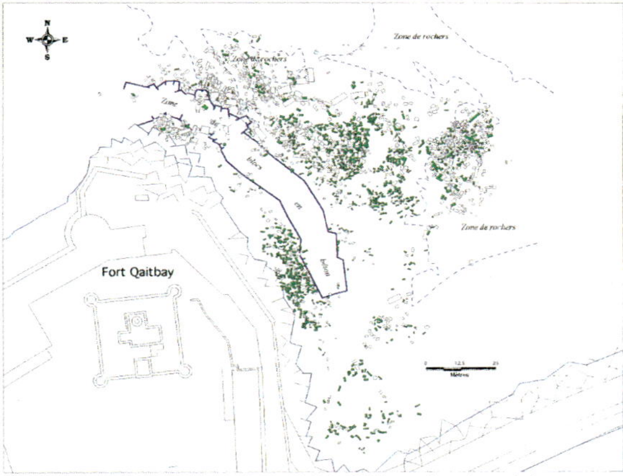

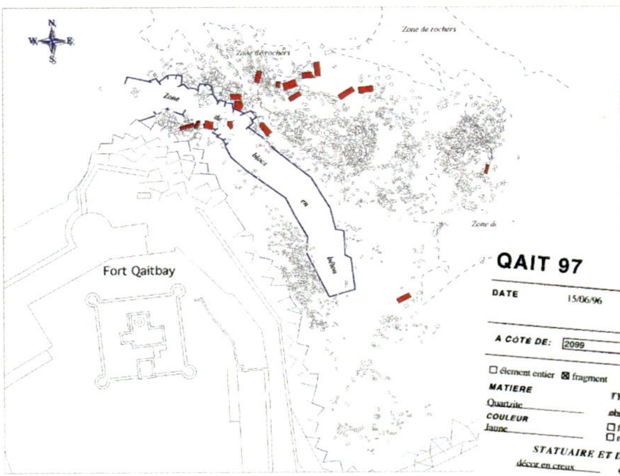

L'établissement d'une carte n'est pas le but de la fouille, mais un outil de recherche pour comprendre l'agencement du site, et une base de départ indispensable pour les études architecturales. Dans son état actuel, le plan dressé à l'ordinateur compte 2 510 blocs architecturaux (sur les 3 000 identifiés sur le site), cartographiés avec une précision de quelques centimètres. Ci-contre, en haut, carte de répartition des éléments de plus de 20 tonnes; en dessous, celle des colonnes à fût lisse, soit 882 éléments entiers ou fragmentaires. En bas, la fiche technique d'un fragment d'obélisque, qui apparaît lorsqu'on clique sur un élément de la carte informatique.

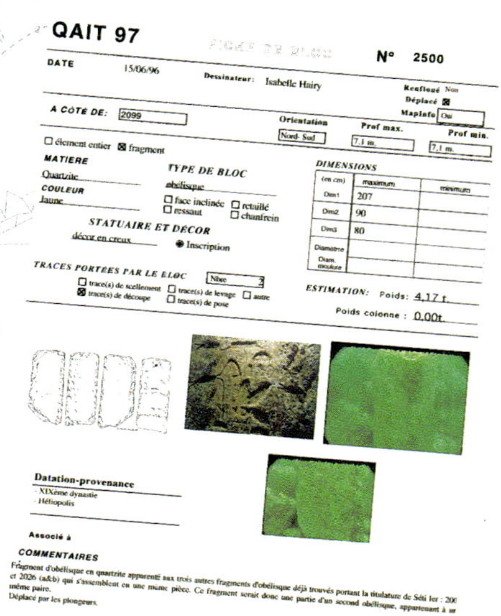
QAIT 97

N° 2500

DATE 15/06/96 Dessinateur: Isabelle Hairy

Renfloué Non
Déplacé ☒
MapInfo Oui

A CÔTE DE: 2099

Orientation Nord-Sud
Prof max. 7,1 m.
Prof min. 7,1 m.

☐ élément entier ☒ fragment

MATIERE
Quartzite

COULEUR
Jaune

TYPE DE BLOC
obélisque
☐ face inclinée ☐ retaillé
☐ ressaut ☐ chanfrein

STATUAIRE ET DÉCOR
décor en creux
◉ Inscription

DIMENSIONS

(en cm)	maximum	minimum
Dim1	207	
Dim2	90	
Dim3	80	
Diamètre		
Diam. moulure		

TRACES PORTÉES PAR LE BLOC Nbre 2
☐ trace(s) de scellement ☒ trace(s) de découpe ☐ trace(s) de levage ☐ trace(s) de pose ☐ autre

ESTIMATION: Poids: 4,17 t.
Poids colonne : 0,00t.

Datation-provenance
- XIXème dynastie
- Héliopolis

Associé à

COMMENTAIRES
Fragment d'obélisque en quartzite apparenté aux trois autres fragments d'obélisque déjà trouvés portant la titulature de Séti Ier : 200
et 2026 (a&b) qui s'assemblent en une même pièce. Ce fragment serait donc une partie d'un second obélisque, appartenant à ur
même paire.
Déplacé par les plongeurs.

centimètres jusqu'à ces monstres de 2,40 mètres de diamètre, comparables à la colonne de Pompée. Les bases de colonnes et les quelques chapiteaux sont en quantité très largement inférieure aux fûts : il est clair qu'ils ont été réemployés ailleurs; on en retrouve en grand nombre dans les mosquées et les citernes de la ville.

On distingue une demi-douzaine de colonnes papyriformes, dont plusieurs portent les cartouches de Ramsès II : elles sont donc beaucoup plus anciennes que la ville, de même que les 28 sphinx identifiés à ce jour, comme le montrent les inscriptions hiéroglyphiques gravées sur leurs bases. Certains d'entre eux remontent au pharaon Sésostris II (XIIe dynastie, XIXe siècle av. J.-C.), d'autres portent les noms de Ramsès, ou de Psammétique II (XXVIe dynastie, VIe siècle av. J.-C). De même, des obélisques appartiennent au pharaon Séthi Ier, père de Ramsès II.

Le colosse d'un Ptolémée

Bien vite, une statue signalée par Honor Frost retient l'attention : il s'agit d'un colosse qui s'avérera être un Ptolémée représenté en pharaon. Avec deux autres têtes colossales, elles aussi coiffées du *némès* royal, et un buste féminin, ils correspondent aux grandes bases dont certaines sont encore en place.

Ce Ptolémée et la statue d'Isis sortie de l'eau en 1962 formaient ainsi un couple royal. En un geste de propagande royale, les souverains avaient choisi d'associer leur image au monument symbolique de la ville. Chaque voyageur arrivant par mer passait devant leurs colosses : parvenant à la ville grecque d'Alexandrie, ils découvraient un roi-pharaon qui rappelait ainsi qu'il était le maître de toute l'Egypte. Il s'agit peut-être de Ptolémée II,

Sur la base d'un sphinx en calcite de Psammétique II, on distingue des hiéroglyphes parfaitement conservés sur la face qui était enfouie dans la vase. Ci-dessus, deux archéologues procèdent sur place au nettoyage de la statue colossale d'un Ptolémée.

mais les inscriptions manquent pour venir le confirmer. Ces blocs et statues gisent par 6 à 8 mètres de fond, or une bonne partie du site devait être hors d'eau dans l'Antiquité : comme le prouvent les fouilles à terre, Alexandrie a subi des phénomènes de subsidence de grande ampleur. Le résultat de cet enfoncement du sol est qu'une partie de la ville antique se trouve aujourd'hui sous l'eau : les palais royaux, l'île d'Antirrhodos et le Timonion, refuge de Marc-Antoine après sa défaite à Actium, ont ainsi disparu de la carte. La même explication peut être avancée pour la formation du site de Qaitbay.

En 1962, Kamal Abou el-Saadat avait vu, gisant à côté de la statue d'Isis, le corps d'un colosse. Les statues reposaient à l'endroit même où elles s'élevaient dans l'Antiquité, avant qu'une tempête ou un tremblement de terre ne les renverse.

Controverse autour des vestiges engloutis

Pour expliquer la présence de ces vestiges, certains ont émis l'hypothèse qu'il s'agirait de blocs jetés au pied du fort Qaitbay pour interdire l'accès au port, lors des razzias des Croisés. Le texte souvent évoqué et rarement cité pour étayer cette théorie est dû à un savant de Bagdad, Abdel Latif, qui visita Alexandrie en 1200-1201 : «J'ai vu aussi sur les bords de la mer, du côté où elle avoisine les murailles de la ville, plus de quatre cents colonnes brisées en deux ou trois parties, dont la pierre était pareille à celle dont est faite la colonne des piliers, et qui paraissaient être, à celle-ci dans la proportion d'un tiers, ou d'un quart. Tous les habitants d'Alexandrie, sans exception, assurent que ces colonnes étaient dressées autour de la colonne des piliers, mais qu'un gouverneur d'Alexandrie, nommé Karadja, qui commandait dans cette ville pour Youssouf, fils d'Ayyoub I Saladini, jugea à propos de renverser ces colonnes, de les briser et de les jeter sur les bords de la mer, sous le prétexte de rompre l'effet des flots et de mettre ainsi les murailles de la ville à l'abri de leur violence, ou d'empêcher les vaisseaux ennemis de mouiller contre les murs.» Le texte est pourtant clair : les colonnes

Devant le fort Qaitbay, on procède au levage de l'un des blocs architecturaux qui peuvent appartenir au Phare lui-même. Ils se distinguent par leur taille extraordinaire, allant jusqu'à 11,50 m de hauteur et un poids de 70 tonnes. A droite, un archéologue au milieu d'un amas de colonnes qui tapissent le site sur 2,25 ha.

Page précédente, la statue d'un Ptolémée en pharaon au moment de sa mise à terre : le corps, conservé de la base du cou à mi-cuisse mesure 4,55 m. On a aussi retrouvé un bras, la tête ainsi que la double couronne qui le coiffait. Sans inscription pour l'identifier, c'est au style que l'on reconnaît qu'il s'agit d'une œuvre de l'époque ptolémaïque.

provenant des environs de la colonne de Pompée, c'est-à-dire du sanctuaire de Sarapis, ont été brisées et jetées près de murailles de la cité, le long des quais du port, dans deux buts : protéger les murailles (et l'on retrouve sans doute ici la lutte contre les affaissements de terrain) et repousser les Croisés. La localisation est précise et n'a rien à voir avec le site du Phare.

Les auteurs anciens, Strabon en tête, placent le Phare à l'est de l'île de Pharos. A son tour, la tradition arabe veut que le sultan mamelouk Ashraf Qaitbay ait construit son fort sur les ruines du Phare. Nous sommes en 1477 et il s'agit d'une source crédible, peu ancienne à vrai dire, et rendue vraisemblable par la présence de blocs antiques réemployés dans la maçonnerie du fort. Il n'est donc pas étonnant que l'on puisse retrouver à cet endroit des éléments qui appartiendraient au Phare. L'inverse le serait.

Les premières preuves

Certes, on ne peut prouver que la plupart des blocs du site immergé proviennent de la tour, mais quelques-uns méritent d'être remarqués. Il s'agit d'éléments d'encadrement de portes et de fenêtres en granite d'Assouan, d'une taille qui sort de l'ordinaire : 11,5 mètres de haut et un poids de 78 tonnes. Donc des blocs difficiles à déplacer, surtout dans l'eau : situés en contrebas du Phare détruit par un tremblement de terre, on voit mal à quel autre monument ils pourraient appartenir, et la réponse semble s'imposer d'elle-même.

A partir des relevés laser en trois dimensions des quatre morceaux du colosse, des photographies virtuelles de la statue de Ptolémée ont été réalisées par EDF (ci-dessous). Cette scanérisation laser a été suivie d'une anastylose virtuelle sur la base de laquelle le colosse pourra être remonté. Ci-contre, les colosses en place, détail d'une reconstitution du Phare en 3D.

En 1154, dans sa description du «célèbre phare», Edrisi s'étonnait de l'absence de liant, de ciment, qui est systématiquement utilisé à partir de l'époque romaine, et il s'émerveillait devant les assises de pierres scellées les unes aux autres avec du plomb fondu. Il remarquait également les goujonnages dans la maçonnerie. Or au cours de la fouille sous-marine, on a trouvé une série de blocs de pierre pourvus de mortaises dans lesquelles étaient fixées des broches de fer noyées dans du plomb. Plus on s'approche du fort, plus la concentration de plomb s'accroît; ce sont des dizaines de kilos qui ont ainsi été récupérés. La quantité de métal retrouvé doit être d'autant soulignée qu'elle est inhabituelle dans les autres monuments de la ville et nous amène, sur ce point, à rejoindre l'étonnement d'Edrisi.

Une seule inscription grecque a été trouvée jusqu'à présent; très fragmentaire, elle ne garde plus les traces que de cinq lettres, un *omicron* sur la première ligne (mais il pouvait y en avoir d'autres au-dessus dans l'Antiquité) et ΑΡΙΣ sur la dernière. Là encore, la référence aux textes arabes a permis

Le bloc portant l'inscription grecque – peut-être le texte dédicatoire (ci-dessous) – est en beau marbre de Paros et les lettres d'une trentaine de centimètres de hauteur étaient en métal : on en voit les mortaises d'accroche.

de retrouver dans le *Kitab el Maouaiz* de Maqrizi, du XVe siècle, la mention d'une inscription du côté nord du Phare : en lettres de plomb encastrées, elles étaient hautes chacune d'une coudée… Même s'il faut remplacer «plomb» par «bronze», la coïncidence est troublante. Un professeur de l'université de Dallas vient de proposer de reconnaître en ce bloc de marbre un fragment de la dédicace du Phare, essayant de replacer les quelques lettres qui subsistent dans le texte de l'épigramme de Posidippos de Pella…

Posant sur deux blocs totalisant 40 tonnes, l'équipe de plongeurs du CEA qui a participé aux fouilles de Qaitbay, menée par son directeur Jean-Yves Empereur. Elle rassemblait archéologues classiques, égyptologues, architectes, topographes, restaurateurs, photographes…

Le travail à venir

Le bilan des fouilles sous-marines peut paraître maigre en ce qui concerne la reconstitution même du Phare. Certes ont été mises au jour des pierres qui ont appartenu à la tour, dont les colosses retrouvés par les plongeurs. Ces trois couples royaux, qui n'étaient pas mentionnés par les sources antiques, ont été ajoutés à l'image du Phare, mais on ne dispose pas pour autant d'indices qui porteraient à modifier grandement le dessin de Thiersch, si ce n'est peut-être sur l'aspect mixte – grec et égyptien – du monument. Enfin, il ne faut pas oublier qu'il s'agit là d'un site contenant 3 000 blocs, dont l'étude architecturale demande encore des années de travail. Que l'on songe à ceux de Delphes et de Délos, découverts il y a plus d'un siècle, dont l'analyse est toujours en cours…

A Alexandrie, il faut compter en plus avec l'obstacle de la mer : les vestiges sont immergés, ce qui freine considérablement le travail. Nul doute que les résultats, très provisoires, rapidement présentés ici, changeront beaucoup au cours des prochaines années.

MANSHIA
محطة الركاب البحرية
MARITIME STATION
الكورنيش
CORNICHE

TÉMOIGNAGES ET DOCUMENTS

"Une plate-forme élevée guide le voyageur la nuit,
le guide avec sa lumière quand tombe l'obscurité du soir."

El-Deraoui

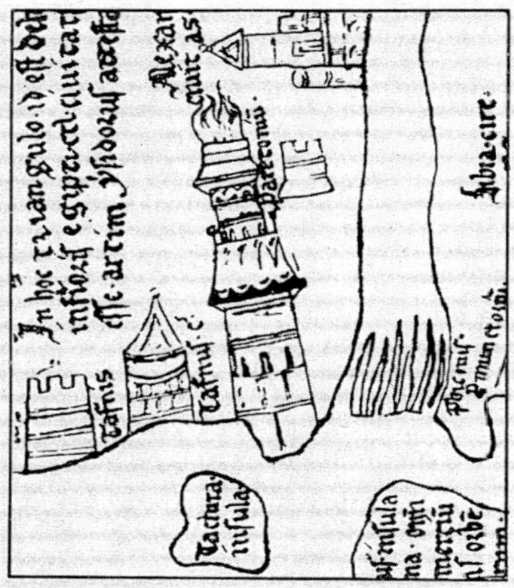

Témoignages antiques

Plutarque, historien, et Strabon, géographe, évoquent tous deux la cité créée par Alexandre, Si le premier relate la fondation mythique de la ville, c'est à une promenade que le deuxième nous convie.

Tête d'Alexandre en marbre.

Plutarque

Avec Plutarque (v. 45 apr. J.-C. - v. 125 apr. J.-C.), le Phare est ancré dans la tradition grecque, puisque deux vers d'Homère président à sa construction.

[…] Maître désormais de l'Egypte, Alexandre voulait y fonder une ville grecque, grande et populeuse, à laquelle il laisserait son nom. Déjà, sur l'avis des architectes il allait mesurer et enclore un certain emplacement, lorsque la nuit, pendant qu'il dormait, il eut une vision merveilleuse. Il lui sembla voir un vieillard chenu, à l'allure vénérable, s'installer près de lui et prononcer ces vers :

Et puis il est une île en la mer agitée
En avant de l'Egypte : on la nomme Pharos.]

Il se leva sur-le-champ pour aller à Pharos, qui était encore une île en ce temps-là, un peu au-dessus de la bouche Canopique, alors qu'aujourd'hui elle tient au continent par une chaussée. Ayant constaté que c'était un site exceptionnellement favorable – l'île se présente en effet comme une bande de terre, comparable à un isthme de belle taille, placée entre une vaste lagune d'un côté et, de l'autre, un bras de mer qui se termine par un grand port –, il déclara qu'Homère, entre tant d'autres talents admirables, possédait aussi celui d'architecte et ordonna de tracer un plan de la ville qui vint s'inscrire dans ce site. Comme on n'avait pas de craie sous la main, on prit de la farine pour tracer sur le sol noirâtre une enceinte arrondie dont le contour intérieur tendu par des lignes droites suggérait une chlamyde qui, à partir des franges, allait rétrécissant régulièrement. Le roi fut ravi de ce plan, mais tout à coup des milliers d'oiseaux de toute espèce et de toute taille vinrent du fleuve et de la lagune s'abattre en nuées sur le site et ne laissèrent pas le moindre grain de farine : Alexandre fut troublé de ce prodige, mais les devins le rassurèrent en lui disant que la ville qu'il construisait connaîtrait l'abondance et pourrait nourrir des hommes de tous les horizons. Il ordonna donc aux architectes de se mettre sur-le-champ à l'œuvre, tandis que lui-même engageait, pour se rendre au temple d'Ammon, un voyage long, plein de fatigues et de difficultés, qui présentait deux dangers : d'abord le manque d'eau, qui rend le pays désert sur plusieurs journées de marche; ensuite le risque d'être surpris, au milieu de ces immenses et profondes plaines de sable, par un vent violent du midi, comme il arriva, dit-on, à l'armée de Cambyse; ce vent, ayant soulevé des monceaux de sable, aurait fait de toute cette plaine comme une mer orageuse et englouti et détruit cinquante mille hommes. Il n'y avait presque personne que tous ces dangers ne fissent réfléchir, mais il n'était pas facile de détourner Alexandre d'une décision qu'il avait prise. C'est que la Fortune, en cédant partout à ses efforts, affermissait sa résolution; et son ardeur lui donnait, dans toutes ses entreprises, une obstination invincible qui forçait non seulement les ennemis, mais les lieux et le temps mêmes. […]

Plutarque, *Vies Parallèles. Vie d'Alexandre*

Strabon

Strabon (v. 58 av. J.-C. - v. 25 apr. J.-C.) n'est pas moraliste; s'il s'intéresse aux hommes, c'est par les traces qu'ils ont laissées, dans des lieux qu'il décrit avec précision. Il mentionne la dévastation par les Romains de l'île de Pharos.

Comme Alexandrie et ses environs constituent la part principale et la plus riche du sujet, c'est par là qu'il convient de commencer. Le littoral, si l'on navigue vers l'ouest, de Péluse jusqu'à la bouche Canopique, mesure à peu près mille trois cents stades de longueur. C'est là ce que nous avons nommée la «base» du Delta ; de là à l'île de Pharos, il y a cent cinquante stades de plus.

«Pharos est une île de forme oblongue»

Pharos est une île de forme oblongue, très rapprochée du rivage, et constitue avec lui un port à deux ouvertures; le rivage, en effet, forme là une baie, faisant saillir deux caps en pleine mer, et entre eux se trouve l'île de Pharos qui ferme la baie, en se prolongeant dans une direction parallèle au rivage. L'une des extrémités de Pharos, celle qui se trouve à l'est, est plus proche que l'autre du rivage et du cap qui lui fait face, cap qui a pour nom Lochias, de sorte que l'entrée du port en est rétrécie. Pour ajouter à l'étroitesse de la passe, il y a également des récifs, certains immergés, d'autres saillants, qui redoublent la fureur des vagues venues du large, quand elles se brisent sur eux. […]

La pointe même de l'île est un rocher battu de tous côtés par les flots et portant une tour faite en pierres blanches, admirablement construite, à plusieurs étages, du même nom que l'île. Sostrate de Cnide, ami des rois, l'a dédiée au salut des navigateurs comme le signale l'inscription. Et en effet, comme la côte était dépourvue d'abri, basse de chaque côté, et bordée de récifs et de bas-fonds, il fallait à ceux qui venaient du large un signal élevé et brillant qui pût guider favorablement leur course vers l'entrée du port.

La bouche de l'ouest, sans être non

plus d'un accès facile, n'exige cependant pas les mêmes précautions. Elle forme un second port, celui d'Eunostos, qui s'étend en face du port fermé et artificiel. Le port dont l'accès se situe du côté de la tour de Pharos mentionnée plus haut est le Grand Port; et les deux autres ports lui sont contigus au fond de la baie, n'étant séparés de lui que par une digue appelée l'Heptastade. La digue forme un pont qui s'étend du rivage jusqu'à la partie ouest de l'île, et ne laisse ouverts que deux passages vers le port d'Eunostos, sur lesquels on a jeté un pont. Cet ouvrage constituait tout à la fois un pont conduisant à l'île et un aqueduc, à l'époque où Pharos était habitée. Mais aujourd'hui le divin César l'a dévastée lors de sa guerre contre les Alexandrins, car elle avait pris le parti des rois. Quelques marins pourtant vivent près de la tour.

Quant au Grand Port, outre qu'il est merveilleusement fermé grâce à la digue et aux dispositions naturelles du lieu, il est en même temps assez profond, tout près du rivage, pour que les navires les plus grands puissent mouiller contre les degrés du quai. Il est également divisé en plusieurs ports.

Les premiers rois d'Égypte, contents de ce qu'ils possédaient, ne désirant aucune importation étrangère et prévenus contre tous les navigateurs, en particulier les Grecs (que la pauvreté de leurs terres poussaient à ravager et convoiter le bien d'autrui), placèrent une garde à cet endroit avec mission de refouler tous ceux qui chercheraient à approcher. Ils assignèrent à ces «garde-côtes» un emplacement qui se nommait Rhacôtis, maintenant part de la ville des Alexandrins, situé au-dessous de l'arsenal. Ce n'était alors qu'un village et ils cédèrent les terres autour du village à des bouviers, capables par eux-mêmes de repousser ceux qui voudraient débarquer.

Mais lorsque Alexandre visita l'endroit et vit les avantages du site, il décida de fortifier la ville avec le port. Les écrivains rappellent, comme un signe de la bonne fortune qui s'attacha depuis à la ville, un incident survenu pendant le tracé des lignes des fondations. Tandis que les architectes étaient en train de marquer avec de la terre blanche la ligne de l'enceinte, la terre blanche vint à manquer. Le roi arriva dans ce moment; ses intendants fournirent alors une partie de la farine préparée pour la nourriture des ouvriers et c'est avec elle que les rues furent tracées en plus grand nombre. Ce fait, dit-on, fut interprété comme un heureux présage.

«Les avantages du site de la ville sont variés»

Les avantages du site de la ville sont variés. D'abord l'endroit est baigné par deux mers, au nord par la mer égyptienne, comme on la nomme, et au sud par la lac de Mareia, appelé aussi Maréôtis. Ce lac est alimenté, en amont et sur ses côtés, par de nombreux canaux dérivés du Nil, et les marchandises importées sont sur ces canaux beaucoup plus nombreuses que celles qui viennent par mer, de sorte que le port d'Alexandrie situé sur le lac est plus riche que le port maritime; ce port maritime, lui-même, exporte davantage de marchandises qu'il n'en importe. Quiconque, s'il a été à Alexandrie et à Dicaearchée et a vu les bateaux marchands, à leur arrivée et à leur départ, aura pu juger combien leur cargaison est plus lourde à l'aller et plus légère à leur retour vers Alexandrie.

Outre la richesse provenant des biens débarqués de chaque côté, dans le port maritime et le port sur le lac, il convient de souligner la salubrité de l'air. Cela tient au fait que la terre est baignée d'eau des deux côtés et à ce que les crues du Nil se produisent à un moment opportun. L'air qu'on respire dans les autres villes situées au bord des lacs est lourd et étouffant au moment des chaleurs de l'été, car les bords des lacs deviennent marécageux, par suite de l'évaporation de l'eau que provoquent les ardeurs du soleil, et, quand tant de vapeurs humides se dégagent de la fange, l'air inhalé est vicié et à l'origine de maladies pestilentielles. A Alexandrie, au contraire, le Nil, qui grossit dès le début de l'été, comble le bassin du lac et ne laisse subsister aucun dépôt marécageux d'où s'élèveraient des vapeurs malsaines. A la même période, les vents étésiens soufflent du nord et de la vaste mer, de sorte que les Alexandrins passent l'été de la façon la plus agréable.

«L'aire de la ville a la forme d'une chlamyde»

L'aire de la ville a la forme d'une chlamyde; les longs côtés de la chlamyde sont ceux que baignent les eaux de la mer et du lac, avec un diamètre d'environ trente stades, et les côtés courts sont formés par les deux isthmes, de sept à huit stades de largeur chacun, et enserrés d'un côté par la mer et de l'autre par le lac. La ville est partout sillonnée de rues que peuvent utiliser les cavaliers ou les conducteurs de char; deux d'entre elles sont extrêmement larges, de plus d'un plèthre de largeur, et s'entrecroisent à angle droit. La ville renferme des parcs splendides et les bâtiments royaux, qui occupent le quart, voire le tiers de la superficie totale, car chacun des rois, jaloux d'embellir à son tour les édifices publics de quelque nouvel ornement, ne l'était pas moins d'ajouter, à ses propres frais, une résidence à celles déjà existantes, de sorte que maintenant on peut leur appliquer le mot du poète :
«Ils naissent les uns des autres.»

Tous ces édifices forment une construction continue, eux-mêmes et le port et même ceux qui s'étendent au-delà du port. Le Museion fait lui aussi partie des bâtiments royaux et comprend

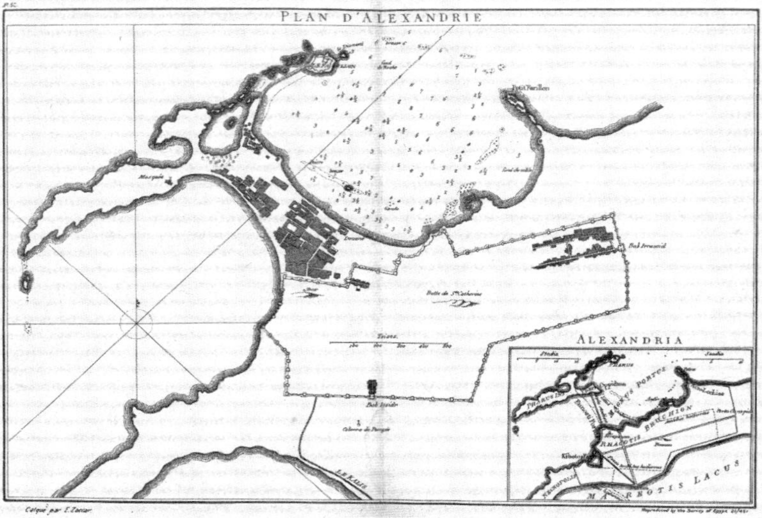

un péripate, un exèdre avec des sièges, et un grand édifice, où se trouve la salle commune dans laquelle prennent leur repas les savants, membres du Museion. Cette communauté d'érudits possède des biens en commun; ils ont aussi un prêtre directeur du Museion, autrefois désigné par les rois, maintenant par César. Le lieu appelé Sôma fait également partie des bâtiments royaux. C'est une enceinte renfermant les sépultures des rois et celle d'Alexandre. Ptolémée, en effet, le fils de Lagos, devança Perdiccas en lui dérobant le corps d'Alexandre, alors que celui-ci le ramenait de Babylone et faisait un détour par l'Egypte, mû par l'ambition et le désir de s'approprier ce pays. Et, de plus, Perdiccas perdit la vie, massacré par ses soldats, lorsque Ptolémée l'attaqua et le bloqua dans une île déserte. Ainsi périt Perdiccas, percé par les sarisses de ses propres soldats qui se ruèrent sur lui. Mais les membres de la famille royale qui étaient avec lui, Arrhidée, les enfants et Roxane, la femme d'Alexandre, partirent pour la Macédoine. Le corps d'Alexandre fut alors transporté par Ptolémée et enseveli à Alexandrie, où il repose encore maintenant, mais non plus dans le même sarcophage, car le sarcophage actuel est d'albâtre, tandis que celui où l'avait placé Ptolémée était d'or. Ptolémée surnommé Kokkès ou Pareisactos, venu en expédition depuis la Syrie, s'en empara, mais fut très vite chassé, si bien que son pillage se révéla sans profit pour lui.

En entrant dans le Grand Port, à main droite, on trouve l'île et la tour de Pharos; à main gauche, les récifs et la pointe de Lochias, avec un bâtiment royal. Et pénétrant dans le port on arrive, sur la gauche, aux bâtiments royaux «du dedans», qui font suite à celui du Lochias et comprennent des bosquets et de nombreuses résidences aux constructions variées. Au-dessous de ces bâtiments s'étend le port artificiel et fermé, propriété privée des rois, comme l'est aussi Antirrhodos, île située en avant du port artificiel, possédant un palais royal et un petit port. Elle fut dénommée ainsi, comme si elle était la rivale de Rhodes.

Au-dessus du port artificiel se trouvent le théâtre, puis le Poseidion, coude faisant saillie depuis ce qu'on nomme l'Emporion, et qui porte un temple de Poséidon. Antoine prolongea ce coude jusqu'au milieu du port par un môle et, à l'extrémité de ce môle, fit bâtir une résidence royale qu'il surnomma Timonion. Ce fut la dernière chose qu'il fit quand, abandonné par ses partisans, il partit pour Alexandrie après sa défaite à Actium, ayant décidé de passer le reste de ses jours comme un autre Timon, jours qu'il avait l'intention de vivre seul, loin de ses si nombreux amis. Viennent ensuite le Kaisarion, puis l'Emporion et les entrepôts, auxquels succèdent les arsenaux, s'étendant jusqu'à l'Heptastade. Voilà ce qu'on trouve dans le Grand Port et autour.

Immédiatement après l'Heptastade vient le port d'Eunostos, et, au-delà, le port artificiel, dit le Kibôtos, possédant lui-aussi ses arsenaux. Plus loin, à l'intérieur de ce port, débouche un canal navigable allant jusqu'au lac Maréôtis. Au-delà de ce canal, il ne reste plus qu'une petite partie de la ville. Commence ensuite le faubourg de Nécropolis, où sont un grand nombre de jardins, de tombeaux et de lieux d'accueil propres à la momification des morts. Du côté – interne à la ville – du canal, on trouve le Sarapion et d'autres enceintes sacrées fort anciennes, aujourd'hui presque abandonnées, en raison des nouvelles constructions réalisées à Nicopolis. Nicopolis, en effet, possède un amphithéâtre et un stade, et on y célèbre les jeux quinquennaux, les anciennes constructions, quant à elles, ont été laissées à l'abandon.

«En un mot, la ville est pleine d'édifices publics et sacrés»

En un mot, la ville est pleine d'édifices publics et sacrés, mais le plus beau est le Gymnase avec ses portiques longs de plus d'un stade; au centre se trouvent le tribunal et les bosquets. Là aussi, s'élève le Paneion, une «éminence» artificielle, à forme de pomme de pin; on dirait une colline rocailleuse. On y accède par un chemin en spirale. Du sommet on peut contempler la ville dans son intégralité, s'étendant à ses pieds dans toutes les directions. La grande rue, qui traverse Alexandrie dans le sens de la longueur, part de Nécropolis, puis, longeant le gymnase, débouche sur la porte Canopique. Font suite l'Hippodrome, ainsi nommé, et les autres (constructions) qui s'étendent l'une après l'autre jusqu'au canal Canopique. Après avoir traversé l'Hippodrome on atteint Nicopolis, dont l'importance de l'établissement au bord de la mer n'est pas moindre que celui d'une ville. Elle est distante de trente stades d'Alexandrie. César Auguste honora ce lieu, théâtre de son triomphe dans la bataille qui l'opposa à ceux qui, avec Antoine, marchaient contre lui. Quand, au premier assaut, il eut emporté la ville, il contraignit Antoine à se donner la mort et Cléopâtre à se rendre vivante à sa discrétion. Mais, peu de temps après, tandis qu'on la gardait prisonnière, elle se fit secrètement mourir, par la morsure d'un aspic ou (car deux versions sont données) par l'application d'un onguent empoisonné. Ainsi prit fin la monarchie des Lagides, qui avait duré une longue suite d'années.

Strabon, *Le Voyage en Egypte.*

Un témoignage essentiel

En 1117, Abû al-Haggâg Yûsuf Ibn Muhammad al-Balawi al-Andalusî, de passage à Alexandrie, se livre à une description détaillée et chiffrée du Phare. Ses observations vont servir de base pour toutes les tentatives ultérieures de reconstitution de l'illustre bâtiment.

«Le Phare se dresse à la pointe de l'île. Il a une base carrée, de 8,5 m de côté, entourée par les eaux, excepté sur ses faces est et sud. Ce soubassement mesure, sur ses côtés, jusqu'au pied du Phare, 6,5 m et s'élève donc d'autant au-dessus du niveau de la mer. Il est cependant plus large sur l'eau à cause d'une construction inclinée, telle la pente d'une montagne. Sa largeur diminue au fur et à mesure qu'il s'élève jusqu'à atteindre les mesures données ci-dessus. Cette partie est solidement construite avec des pierres bien taillées et bien jointes, mais d'un aspect plus rugueux qu'ailleurs. Ce soubassement que je viens de décrire est récent, l'ouvrage ancien ayant besoin d'être consolidé. Sur le mur méridional, face à la mer, il y a une inscription ancienne que je n'ai pas pu lire; ce n'est pas une inscription habituelle car les lettres, faites dans une pierre noire et dure, sont insérées ans le mur. L'action combinée de la mer et de l'air a érodé la pierre de support de sorte, que les lettres semblent être en relief, du fait de leur dureté. Le A mesure un peu plus de 54 cm. La partie supérieure du M est comme le trou béant d'un chaudron en cuivre. Les autres lettres sont plus ou moins de la même taille.

L'entrée du Phare est placée très haut. On y accède par une longue rampe de 183 m. Celle-ci repose sur une série d'arches; mon compagnon est allé en dessous d'une de ces arches et a tendu les bras sans pouvoir en toucher les montants. On compte, jusqu'à la porte, seize arches, chacune un peu plus haute que la précédente, la dernière étant particulièrement haute.» (Il s'agit sans doute de l'escalier figurant sur les monnaies.)

«Nous passâmes la porte et avançâmes sur 73 m. Sur notre gauche, il y avait une

porte fermée. Nous ignorons vers quoi elle menait. Cent dix mètres plus loin, nous vîmes une porte ouverte. Nous entrâmes et nous nous retrouvâmes dans une pièce, suivie d'une autre, et d'une autre, et d'une autre encore, et ainsi de suite jusqu'à dix-huit, communiquant toutes entre elles et alignées le long du couloir. Nous comprîmes alors que l'île de Pharos était inhabitée. En continuant à marcher sur une distance de 110 m, nous constatâmes encore quatorze pièces réparties à gauche et à droite; 44 m plus loin, nous trouvâmes dix-sept pièces. Nous parcourûmes encore 100 m et atteignîmes le premier étage du Phare. Il n'y avait pas d'escalier mais une rampe s'enroulant en colimaçon autour du cœur de l'immense édifice. Sur notre droite nous avions un mur qui n'était pas particulièrement épais et sur notre gauche, le corps de bâtiment dont nous avions visité les chambres. Nous entrâmes dans un couloir large de 1,6 m surplombé de pierres en saillie qui formaient un plafond; deux de mes compagnons ne réussirent pas à passer. Une fois arrivés en haut du premier étage nous avons mesuré sa hauteur au-dessus du sol avec un bout de corde à laquelle nous avons attaché une pierre. Nous trouvâmes 57,73 m et le parapet mesurât environ 1,83 m de haut.
Au centre de la terrasse de ce premier étage l'édifice se prolongeait, mais avec une forme octogonale dont chaque côté mesurait 18,30 m à une distance de 3,45 m du parapet. Le mur avait une épaisseur de 1,5 ou 2 m. Le chiffre que j'ai écrit dans mes notes n'est pas très lisible mais tout à côté de l'endroit où j'ai inscrit la longueur de la corde, j'avais écrit quelques détails à l'encre qui n'ont pas été maculés. C'est très étrange… mais je suis certain que c'était deux mètres..
Ce second étage était plus haut que le premier. En entrant nous vîmes un escalier qui comptait dix-huit marches et nous débouchâmes au centre de la seconde terrasse. Nous mesurâmes à nouveau avec la corde et vîmes que nous étions à 27,45 m au-dessus du premier étage. L'édifice se prolongeait encore sous une forme cylindrique d'un diamètre de 75,2 m. Du pied du mur au parapet la distance était le 2,19 m. Nous entrâmes et montâmes trente et une marches pour arriver au troisième étage dont nous mesurâmes la hauteur avec notre corde : 7,32 m. Sur la terrasse de ce troisième étage il y avait une mosquée avec quatre portes et une coupole. Elle a 5,49 m de haut et 36,6o m de diamètre. Le parapet a 46 cm de hauteur et seul 1,5 m le sépare du mur de la mosquée.
Pour résumer, ce monument que nous avons visité avait soixante-sept pièces, sans compter la première que nous avons trouvée fermée et qui, il faut le préciser, était au-dessous du niveau de la mer.
Selon nos mesures, le Phare a une hauteur de 96,99 m plus celle du soubassement qui est de 9,15 m; sa portion visible sous l'eau est de 1,83 m.

فقال له موسى ايها الملك كيف تعلمت لسان العرب
وما ارى في قومك من يكلمنا به غيرك فقال الملك
ما من لسان امكنني تعلمه الا وقد انفقت على تعلمه
اموالا وتعبت في معرفته دهرا والملك اذا لم
يصلح لنفسه بان يزيد في فضايلها كيف يصلح لرعيته
ومعرفة اللسان زيادة انسان فكل لسان انسان
فاستاذناه في الرحيل فاذن لنا وزودنا واخرج
معنا الادلة يخرجونا من بلاده على اسهل الطرق
فسلمنا عليه وانصرفنا حتى وصلنا الى بلاد الاندلس
بعد ثمانية اشهر ثم كتب موسى بن نصير الى عبد
الملك بن مروان بجميع ما راه من امر المدينة والبحيرة
فلما وصل الكتاب الى عبد الملك بن مروان تعجب
من امر المدينة ومن تلك المواعظ والوصايا
التي على الالواح واسما الملوك وذكر النبي عليه الصلاة
والسلام وشرفه وشرف امته وقال الحمد لله
الذي جعلنا من امة محمد عليه افضل الصلاة
والسلام واجازا لرسول واحسن اليه نما يقال
والله سبحانه اعلم حديث صنم قادس
الذي بناه ذا القرنين والله اعلم وذلك انه في
الاندلس

Cité in Peter A. Clayton et Martin J. Price, *Les sept Merveilles du monde*, Le Promeneur, Gallimard, Paris, 1993

Chronique d'une disparition

La succession des séismes qui ont fini par provoquer la destruction complète du phare a été reconstituée par un historien égyptien moderne, Moustafa Taher, en se référant à divers récits et chroniques.

Moustafa Taher rappelle que l'historien géographe arabe al-Mas'ûdî a été le premier à rendre compte de la détérioration progressive du phare.

La hauteur du Phare, actuellement, est à peu près de deux cent trente coudées. Anciennement, elle était d'environ quatre cents coudées; le temps, les tremblements de terre et les pluies l'ont détérioré; les habitants d'Alexandrie ont raconté d'après les dires de ceux qui les ont précédés, qu'il y avait entre le Phare et la mer une distance à peu près égale à celle qu'il y avait entre la ville et le Phare. Puis l'eau a gagné en peu de temps sur la terre de façon progressive.

De séismes en affaissements de terrain, touchant le phare et souvent la ville, c'est une chronologie des catastrophes vécues par les Alexandrins qui est ainsi établie.

180 de l'Hégire/ 796 : Le sommet (la chambre de feu) du Phare s'écroule à cause d'un séisme à Alexandrie, celui ci venant de l'Arc Hellénique dont l'épicentre est proche de l'île de Crète.

340H./ 950 : Le dimanche 10 Rabî' II (15 septembre), la terre tremble en Egypte. Le Phare d'Alexandrie fut lézardé. Nombre de maisons ont été détruites, il y eut un nombre élevé de victimes. Des sources jaillirent en plusieurs endroits.

344H. / 956 : Al-Mas'ûdî écrit : Cette année-là, au mois de Ramadân, le phare d'Alexandrie s'effondra dans sa partie supérieure (la chambre de feu) d'une hauteur de 30 coudées (22 mètres), sous l'effet du tremblement de terre qui avait sévi dans plusieurs pays du Châm et du Maghrib. Nous étions à Fustât-Misr, et pendant une demie-heure une secousse terrible ébranla tout. C'était la nuit du 18 Ramadân (5 Kanûn II du calendrier syriaque et 5 Dima du calendrier perse, le 9 Tuba pour les Coptes).

657H./1258 : Il y a un tremblement de terre prodigieux en Egypte. Les gens sont accablés également par les nouvelles de l'invasion des Tatars.

660/H./1261 : La terre tremble en Egypte, au Caire, en Haute Egypte et Basse Egypte. C'est une secousse énorme qui fait éclater les roches en faisant jaillir des sources. Les gens se réfugient au désert. Le tremblement de terre affecte le Nil et la Méditerranée. La mer déborde, inondant les stocks d'étoffe des tailleurs. Les barques et les navires font naufrage. Les murs de la grande mosquée d'Alexandrie s'écroulent et une grande partie du Phare d'Alexandrie s'effondre.

23 Dhû al-Higga 702H. / 8 août 1303 : Un tremblement de terre destructeur survenu dans l'Arc hellénique a causé des dégâts considérables dans le sud de Péloponnèse, Crète, Rhodes et l'Est de la Méditerranée de Chypre jusqu'à la Basse Egypte et la Palestine. Les historiens rapportent que le séisme a été très violent au Caire et dans les provinces de l'Égypte. La puissance du séisme se fait sentir à Alexandrie et où il a détruit la plupart des tours et des murailles. La nouvelle était venue d'Alexandrie selon laquelle le Phare s'était lézardé et que près de 40 créneaux étaient tombés. Il y a eu un raz-de-marée qui a inondé les stocks de tissus des tailleurs, la mer a lancé des vagues jusqu'à Bab al-Bahr (Porte de la mer), rompant les amarres des navires d'Europe. Ceux-ci ont coulé et les matelots se sont enfuis par la porte de al-Sidra. Une grande partie des remparts s'était effondrée et il y avait eu de nombreux morts. On a senti le tremblement de terre également dans les îles occidentales et les pays de l'Europe.

D'autres témoignages rappellent les tentatives de réparation qui eurent lieu après la destruction du phare.

Ibn Taghrîbardî rapporte : «Les princes qui s'occupent des fondations pieuses (*waqf*) s'employèrent longtemps à réparer et renover les dégâts des écoles, des mosquées, et même le Phare». Plusieurs princes se sont chargés d'effectuer les réparations.

703H./1304 L'émir Baybars al-Dawâdâr se rendit à Alexandrie pour réparer les dégâts produits par le séisme. 17 tours et 46 minarets furent détruits.

741H./1341 : Au mois de Dhû al-Higga un séisme prodigieux est signalé en Égypte, et au Châm. Alexandrie est touchée aussi. Le nombre de victimes est trop élevé pour être comptabilisé et de nombreux bateaux ont fait naufrage.

Les Occidentaux et le Phare

Après la catastrophe de 1303, les voyageurs occidentaux visitant Alexandrie ne peuvent, du Phare, contempler que les ruines. La «merveille du monde», pourtant fait encore rêver… Mais elle n'est pas le seul charme de cette ville étrange, où la sensibilité romantique d'un Chateaubriand vient mirer, à l'orée du XIXe siècle, sa tristesse.

A la Renaissance, c'est encore la légende arabe qui rend compte des fondations du phare antique

Plus qu'aucun autre, peut-être, Fabri est marqué par la fabuleuse légende du Phare. Avec lui point d'archéologie, mais un retour au mythe antique, tel que les siècles l'ont transformé.

Cette tour que les Sarrasins nomment maintenant Fareglan, les anciens la nommaient Pharum ou Farum ce qui se prononce de la même façon, soit en grec Pharos ce qui signifie la même chose. C'est la plus haute tour à Alexandrie, et c'était une des sept merveilles du monde. Elle se dressait en effet sur quatre grand crabes de verre qui reposaient sur le fond à vingt pieds sous l'eau de la mer, et sur lesquels elle avait été construite, édifiée en énormes blocs de pierre, jusqu'en haut. A son sommet un feu ardent brillait toujours, qui, brillant au loin sur la mer, indiquait le port aux navigateurs durant la nuit, comme le mentionne le *Catholicum* sous la rubrique Pharos, à la lettre F. Tous les savants du monde admiraient ce ouvrage, se demandant comment de si grands crabes avaient pu être fabriqués en verre, comment on avait pu les transporter sans les briser, comment les fondations posées par-dessus n'avaient pas glissé, comment le ciment avait pu prendre sous l'eau, et comment une telle masse ne pulvérisait pas le verre.

C'est à cause de cette tour Pharos que les rois d'Egypte ont été appelés Pharaon; bien plus, toute l'Egypte, à cause d'elle est parfois appelée Pharaon. La tour s'étant effondrée avec le cours du temps, lorsque Jules vint à Alexandrie contre Pompée et qu'il l'eut décapité, il édifia celle qui se dresse aujourd'hui, en la faisant construire sur

le même emplacement, en sorte qu'il y ait deux ports de mer. Ces deux ports de mer sont toujours pleins de navires en provenance de l'Orient et de l'Occident, car Alexandrie reçoit des régions supérieures de l'Egypte, par la vallée du Nil, toutes sortes d'aliments en abondance, et la richesse lui est apportée des régions au-delà de la mer par la navigation.

Felix Fabri, *Récit de voyage*, 1483

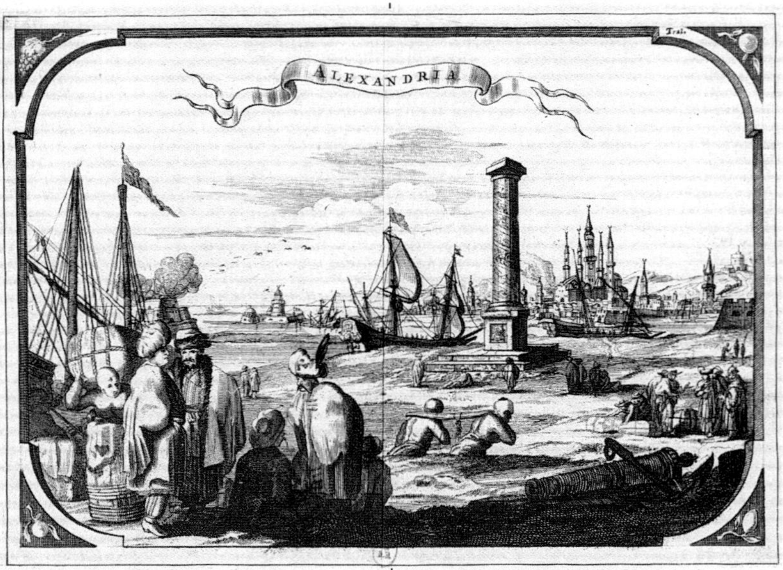

Un voyageur de l'âge classique

Voyageur original, puisqu'il n'est mû ni par l'intérêt d'un négoce ni par une mission scientifique, mais apparemment par sa seule curiosité, Jean Thévenot débarque à Constantinople en décembre 1655; il arrive en Egypte au début de l'année 1657…

J'ai dit dans le livre précédent comme nous arrivâmes après une longue navigation en Alexandrie, où on vient de Chio ordinairement en sept ou huit jours; j'attendis en Alexandrie quelques jours que le temps fût bon pour passer avec la saïque à Rossette, mais voyant que le vent ne changeait point, et qu'apparemment la saïque ne pourrait passer à Rossette d'un mois, je débarquai mes hardes, et résolus d'y aller par terre; avant que de partir je vis tout ce qu'il y a de beau en Alexandrie, cette ville appelée des Turcs Skenderia, autrefois si fameuse, si riche et si belle, est à présent tellement ruinée, qu'elle n'est pas elle-même : on n'y voit que des masures entassées les unes sur les autres, et les amas de pierres et de terre qui y sont de tous côtés sont plus hauts que les maisons.[…]

Cette ville a trois ports, dont le premier est appelé le port vieux, il est assez grand, mais peu de vaisseaux y entrent, à cause de son entrée difficile; il y a deux châteaux qui en défendent l'abord, un de chaque côté, et tous deux bien gardés; les deux autres ports sont plus hauts, et sont divisés l'un de l'autre par une petite île autrefois plus éloignée de terre ferme qu'elle n'est à présent, et anciennement appelée le phare; elle est maintenant jointe à la terre ferme par un pont de pierre de quelques arches, sous lesquelles passe l'eau. Cette île s'avance assez loin en mer; au milieu d'icelle il y a une tour carrée qui sert pour mettre les poudres du Grand Seigneur; au bout de cette même île est un bon château appelé Farillon, et situé au propre lieu où était jadis ce phare tant renommé, qui fut estimé une des sept merveilles du monde; celui qui est à sa place est assez beau, et bien garni d'artillerie, avec trois cents soldats, et une *muteferaca* qui y commande, mais il n'y a point d'autre eau que celle du Nil, qu'on y apporte de dehors sur des chameaux; le premier des deux ports divisés par le phare est celui des galères, et il n'y entre aussi que des galères, et l'autre est le grand port, ou le port neuf, dont la bouche est gardée d'un côté du Farillon, et de l'autre côté à son entrée par un autre petit château, qui n'est pas si bon que le Farillon, cependant on y tient encore plusieurs soldats, et ces deux châteaux se secourent facilement l'un l'autre; tous ces deux ports sont fort dangereux à cause des pierres et écueils qui y sont, et pour y entrer il faut avoir quelqu'un qui soit pratique des passages; le grand port souffre beaucoup du gregal ou nord-est, et de la tramontane ou nord; le port des galères est plus sûr, mais il n'a pas grand fond. [...]

Après ces murailles la plus belle des pièces antiques qui ont résisté au temps est la colonne Pompée, qui est éloignée de la ville d'environ deux cents pas ; elle est sur une petite éminence, ce qui fait qu'elle se voit de fort loin, et elle est posée sur un piédestal carré, haut de plus de sept ou huit pieds, et ledit piédestal est sur une base carrée, large d'environ vingt pieds, et haute de deux environ, mais faite de plisieurs grosses pierres; pour le fût de la colonne, il est tout d'une pièce de granite si haute, qu'elle n'a pas au monde sa pareille, car elle a dix-huit personnes pour l'embrasser; au haut est un beau chapiteau. Il y a eu des personnes qui ont cru que cette colonne était de trois pièces, l'ayant ouï dire aux Mores, qui y comptent trois pièces, savoir le piédestal, le fût, et le chapiteau, comme ils m'ont dit eux-mêmes, mais le fût est tout d'une pièce, comme on le voit bien clairement; je ne sais pas quelles machines ils avaient en ce temps-là, avec lesquelles ils pussent élever une telle pièce, et peu s'en faut que je ne croie avec plusieurs autres qu'elle a été faite d'un certain ciment, et pétrie sur le lieu même, quoiqu'il se trouve assez de personnes qui nient cela absolument, disant que les anciens Egyptiens prenaient ces colonnes, et ces aiguilles (qui se voient en tant d'endroits d'Italie et sont de même matière), au Sahid, où ils prétendent qu'on en a taillé plusieurs, et qu'ils les amenaient sur le Nil; si cela est, il fallait qu'ils eussent des barques ou des trains fort extraordinaires, pour conduire un tel poids, et en si grand volume: il est vrai aussi que s'ils avaient le secret de pétrir ou fondre les pierres, nous l'avons perdu, et aucun des anciens n'en a parlé. Ces sortes de pierres sont fort belles, car elles sont grisâtres et marquetées de plusieurs couleurs et extrêmement dures; leur superficie semble couverte toute de petits grains. On dit que César fit dresser cette colonne en mémoire de la victoire remportée sur Pompée; à quelques pas de là est le palais de César, tout ruiné, seulement y sont restées quelques colonnes de porphyre en leur entier et sur leur pied, et la face du palais y est encore assez entière, qui est une fort belle chose : à côté de cette colonne, à soixante ou quatre-vingts pas de là, est un *hhalis* ou canal du Nil, que les anciens Egyptiens firent creuser pour conduire l'eau du Nil en Alexandrie, n'ayant point d'autre eau à boire: ce canal, qui est environ aussi large que celui qui passe par le Caire, dont nous parlerons ci-après, commence à environ six lieues au-dessus de Rossette au bord du Nil, et vient de là en Alexandrie, et lorsque le Nil est crû, on lui donne passage par ce *hhalis*, en rompant une digue, comme nous dirons à celui de Caire, et cette eau remplit les citernes, qui sont faites exprès sous la ville, et sont très magnifiques, et de grande étendue, car tout le dessous de l'ancienne Alexandrie est creux, étant tout une citerne, dont les voûtes sont soutenues de plusieurs belles colonnes de marbre, et sur ces voûtes étaient bâties les maisons d'Alexandrie, ce qui a fait dire à plusieurs qu'il y avait en Alexandrie sous terre une ville aussi grande que dessus, et quelques personnes m'ont assuré qu'on peut encore à présent aller dessous toute la ville d'Alexandrie par de belles rues, dans lesquelles on voit encore des boutiques, mais les Turcs ne permettent pas qu'on y descende. [...]

Jean Thévenot,
Voyage du Levant

Chateaubriand ou l'homme pressé

C'est pour préparer les Martyrs *que Chateaubriand entreprend le voyage d'Orient, mais aussi parce que son opposition à l'Empire le plonge dans une crise morale qu'il tente de résoudre par le retour aux sources du paganisme et du christianisme. Il part un an, mais, si l'on excepte ces temps de déplacement, ne séjourne réellement en Orient que trois mois.*

Si j'avais été enchanté de l'Egypte, Alexandrie me sembla le lieu le plus triste et le plus désolé de la terre. Du haut de la terrasse de la maison du consul, je n'apercevais qu'une mer nue qui se brisait sur des côtes basses encore plus nues, des ports presque vides et le désert libyque s'enfonçant à l'horizon de midi : ce désert semblait, pour ainsi dire, accroître et prolonger la surface jaune et aplanie des flots : on aurait cru voir une seule mer dont une moitié était agitée, et bruyante, et dont l'autre moitié était immobile et silencieuse. Partout la nouvelle Alexandrie mêlant ses ruines aux ruines de l'ancienne cité;

Alexandrie d'après une lithographie de Luigi Mayer, 1802.

un Arabe galopant sur un âne au milieu des débris; quelques chiens maigres dévorant des carcasses de chameaux sur la grève; les pavillons des consuls européens flottant au-dessus de leurs demeures, et déployant, au milieu des tombeaux, des couleurs ennemies; tel était le spectacle.

Quelquefois je montais à cheval avec M. Drovetti, et nous allions nous promener à la vieille ville, à Nécropolis, ou dans le désert. La plante qui donne la soude couvrait à peine un sable aride; des chacals fuyaient devant nous; une espèce de grillon faisait entendre sa voix grêle et importune : il rappelait péniblement à la mémoire le foyer du laboureur, dans cette solitude où jamais une fumée champêtre ne vous appelle à la tente de l'Arabe. Ces lieux sont d'autant plus tristes, que les Anglais ont noyé le vaste bassin qui servait comme de jardin à Alexandrie; l'œil ne rencontre plus que du sable, des eaux et l'éternelle colonne de Pompée.

François René de Chateaubriand,
Itinéraire de Paris à Jérusalem, 1811

Les premières fouilles sous-marines

Dans le cadre d'une mission de l'Unesco en 1968, l'archéologue britannique Honor Frost fut la première scientifique à explorer le site englouti au pied du fort Qaitbay. Secondée par le plongeur egyptien Kamal Abou el-Saadat, elle établit le premier relevé des vestiges sous-marins les plus remarquables.

En 1975, Honor Frost faisait paraître dans une revue spécialisée International Journal of Nautical Archaeology *le compte rendu de ses observations.*

Au cours de six plongées effectuées en octobre et novembre, des relevés topographiques ont été réalisés par mesure directe et repérage au théodolite sur les principaux objets retrouvés dans un périmètre d'environ 180 m^2. Nous n'avons pas pu prendre de photos en raison de l'état de la mer, houleuse et trouble en cette saison, et le manque de profondeur (3 à 4 m) ne nous a pas permis de «cadrer» certains ouvrages maçonnés de plusieurs mètres de long avec les petits appareils de prise de vues sous-marines dont nous disposions (des appareils spéciaux existent et devront évidemment être utilisés pour les relevés définitifs), Pour sommaires qu'elles soient, les données recueillies permettent

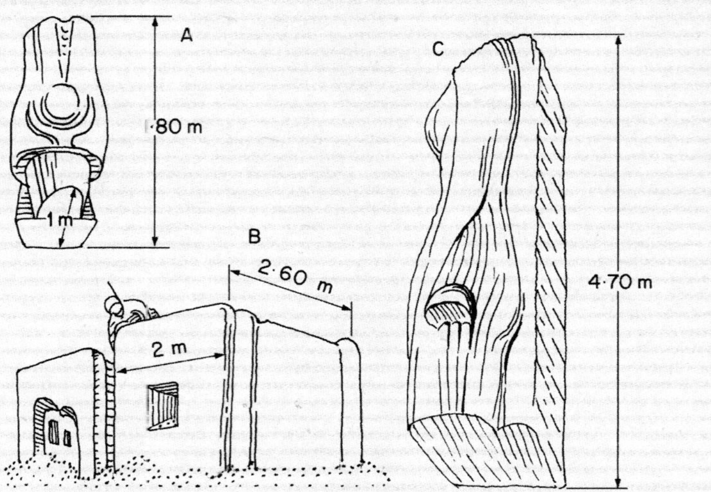

Dessins établis d'après les photographies et les mesures faites en plongée : couronne d'Isis Hathor, socle de granite et statue colossale de Ptolémée prise pour une Isis à l'origine.

cependant de reconstituer le site dans ses principales composantes : il s'agit d'un ensemble richement orné comprenant des statues-colonnes colossales – deux féminines et sans doute deux masculines (une seule ayant été identifiée) – de 11 m de haut sur des socles de 3 m, une couronne détachée d'Isis Hathor d'environ 2 m de haut, deux ensembles de sphinx, un fragment de pierre gravé de chiffres romains de 0,40 m de haut, et des éléments de maçonnerie atteignant parfois 6 m de long.

Les vestiges immergés ne nous en apprendront sans doute guère plus sur la configuration générale des lieux, surtout parce que cette zone au large de Fort Khaid Bey ne contient qu'une partie de l'ouvrage initial ou de l'une de ses dépendances comme le tombeau d'Isis Pharia. Il n'en reste pas moins que, dès qu'ils auront été cartographiés et étudiés par des spécialistes en architecture ptolémaïque, ces vestiges devraient nous livrer des informations très précieuses sur les proportions et le style du bâtiment dans son ensemble.

Dans la mesure où cette construction colossale était bâtie sur des fondations rocheuses de dimensions réduites, ses éboulis se sont dispersés de toute évidence sur une vaste étendue : ainsi, à Fort Khaid Bey, des blocs et des colonnes sont visibles sous la jetée construite à une époque récente, quelques pierres affleurent encore dans la zone urbaine qui relie aujourd'hui l'ancien îlot au continent, et des colonnes sont également disséminées au large vers l'ouest.

Le fait que l'un des côtés du phare se soit semble-t-il effondré dans la mer et que ses vestiges se trouvent toujours au même endroit sans avoir été déplacés par les constructions ultérieures tend à prouver que les fondations de l'édifice

initial étaient situées au bord de l'eau. Dicté par la géographie, ce parti architectural téméraire est caractéristique d'autres bâtiments portuaires antiques de la côte du Levant, notamment des murs d'Arados et du port avancé de Sidon. Qu'il en ait été ainsi à Pharos tient à de très anciennes légendes arabes qui voulaient que les fondations reposent sur «quatre crabes de métal» et sur «des arches et des voûtes de verre» (van Berchem, *Mémoires de la Mission du Caire*, XIX, I : 484). En d'autres termes, le rocher sur lequel la grande tour devait être érigée était si petit qu'il a dû être renforcé artificiellement. Nos observations récentes démontrent que la mer renferme des indices en quantité suffisante pour occuper des savants pendant bon nombre d'années.

Extrait de l'article «The Pharos site, Alexandria, Egypt», paru dans *International Journal of Nautical Archaeology*, Vol. 4 n° 1, Mars 1975.
Traduction Philippe Mothe.

Le Centre d'études alexandrines

Le Centre d'études alexandrines a été fondé en 1989; prenant la suite d'une petite équipe du CNRS, il s'est fixé pour mission de faire avancer les connaissances sur la capitale des Ptolémées, principalement par le renouvellement de la documentation archéologique.

Jean-Yves Empereur, directeur du Centre d'études alexandrines (CEA), dresse ici le bilan de cinq ans de fouilles et de recherches sur le terrain à Alexandrie de 1992 à 1998.

Les fouilles terrestres

A la demande des Autorités archéologiques égyptiennes, le CEA a procédé en 1992 à une première fouille de sauvetage dans le cœur de la ville. Cette première campagne fut suivie d'une dizaines d'autres sur des terrains voisins, dans les quartiers du Césaréum et du Bruccheion.

En 1997, le CEA a quitté ces terrains de prédilection pour répondre à une offre égyptienne d'une campagne d'urgence dans la Nécropolis, dans les faubourgs occidentaux de la ville. Actuellement 38 tombes collectives ont été découvertes, elles feront l'objet de publications. Mais ce n'est pas pour autant que les recherches sur les collections du Musée gréco-romain ont été abandonnées, au contraire : certaines études arrivent maintenant à maturité et sont soit en phase finale, soit même sous presse.

D'autre part, des projets se sont mis en place sur des prospections de surface, sans intervention de fouilles, sur la topographie de la ville et ses monuments : ainsi l'Heptastade, les citernes et les murailles, dans des études actuellement en cours. Une grosse équipe de géophysiciens du CNRS et de l'université de Paris-VI a été rassemblée en 1996 pour mener une étude du tracé de la chaussée-pont qui reliait l'île de Pharos au continent. Elle se trouve maintenant sous plusieurs mètres d'atterrissement sur lesquels les Ottomans ont construit leur ville à partir de 1517. En travaillant seulement

Mosaïque de la Méduse mise au jour lors d'une fouille de sauvetage en 1994 dans le quartier du Brucheion.

à la surface des rues modernes, en procédant à des analyses des anomalies par des séries de mesures électriques, magnétiques, électromagnétiques, sismiques er radar, les spécialistes ont pu retrouver le tracé de l'Heptastade et corriger celui qui était traditionnellement accepté.

L'étude du tracé de la muraille ou plutôt des murailles de la ville a été entreprise : il en existait au moins trois, dont le tracé est toujours resté sujet à discussion, sans que de nouveaux éléments permettent de trancher entre les différentes hypothèses. La conjonction de talents, entre un spécialiste de la poliorcétique grecque et les mesures géophysiques de surface laissent espérer que cette étude aboutira à des propositions nouvelles durant les prochaines années.

Enfin, alors que l'on comptait jusqu'à 700 citernes jusqu'au siècle dernier et que ces monuments souterrains faisaient l'objet constant de l'admiration des voyageurs des siècles passés, l'on ne connaissait plus qu'une seule citerne à Alexandrie il y a une dizaine d'années. Grâce à la découverte de deux séries d'archives, le dossier a pu être repris avec de nouveaux arguments et la carte des citernes compte maintenant plus de 75 citernes.

Les recherches en milieu sous-marin

Elles portent sur trois thèmes : le site antique du Phare, les épaves de bateaux grecs et romains au large du fort, et les mouvements de subsidence qui ont, semble-t-il, largement affecté Alexandrie.

Le site antique du Phare

La mise en place malencontreuse d'une série de blocs de béton en 1993 sur le site antique immergé au pied du Phare a conduit le Service égyptien des antiquités à demander au CEA d'intervenir dans une fouille d'urgence sous-marine. La première campagne en automne 1994 a été rendue possible par un financement de l'IFAO, relayé en 1995 par Elf-Aquitaine rejoint par la fondation EDF en 1996. Le soutien de ces mécènes a été confirmé pour 1998 et permettra une nouvelle campagne de fouilles. La carte topographique est en voie d'achèvement et c'est à l'étude architecturale du site que nous nous consacrons. Des résultats intéressants avec la découverte de monuments en place, des anastyloses graphiques de certains d'entre eux ont pu être réalisées. Ce travail de longue haleine portant sur plus de 3000 pièces architecturales demandera plusieurs années, mais avec des équipes réduites par rapport aux premières campagnes, nécessitant donc moins d'investissements financiers.

Les épaves

La recherche d'un nouvel emplacement pour un brise-lames destiné à protéger le fort Qaitbay nous a amenés à prospecter une zone au nord du port est et à découvrir une série d'épaves de bateaux grecs et romains qui s'étalent chronologiquement entre le IVe siècle av. J.-C. et le VIIe siècle apr. J.-C. C'est une nouvelle documentation sur l'histoire du commerce entre Alexandrie et la Méditerranée qui est apparue. Grâce au soutien financier d'Elf-Aquitaine et de la fondation EDF, nous allons entreprendre en mai 1998 une troisième campagne de prospection avec une série de sondages sur ce nouveau site de première importance dont l'exploitation scientifique sera longue, de l'ordre de cinq ans, car les épaves sont dispersées sur plusieurs kilomètres carrés.

La subsidence

Les fouilles sous-marines ont rapidement poussé les archéologues à s'interroger sur les conditions de formation des sites immergés. La comparaison avec les ruines mises au jour dans les fouilles terrestres les ont conduit à supposer

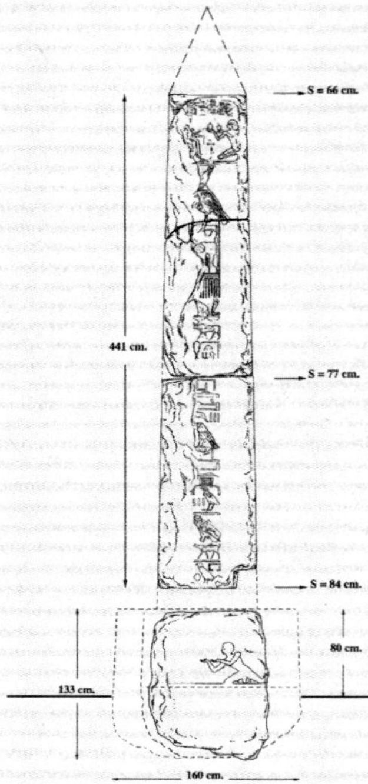

Proposition de restitution de l'obélisque de quartzite de Seti Ier

positionné du côté droit du passage - Face gauche (Blocs n°2026, n°2001, n°2431 bloc non renfloué)

qu'Alexandrie avait été victime de phénomènes de subsidence, d'enfoncement de la croûte terrestre dans des mouvements d'une amplitude importante, de l'ordre de 5 à 6 mètres. Pour étudier ces phénomènes topiques, une équipe de géographes et de biologistes marins de l'université de Marseille a commencé en 1997 une étude de la microfaune sous l'eau et dans les zones d'atterrissement de part et d'autre de l'Heptastade. Leur mission de 1998 devrait apporter des précisions sur l'amplitude et la chronologie de ces mouvements géophysiques.

Jean-Yves Empereur

BIBLIOGRAPHIE

- Berchet, Jean-Claude, *Le Voyage en Orient, anthologie des voyageurs français dans le Levant au XIXe siècle*, collection «Bouquins», Robert Laffont, 1985.
- Bernand, André, *Alexandrie la Grande*, Hachette, 1996.
- Bernand, André, *Alexandrie des Ptolémées*, CNRS Editions, Paris, 1995.
- Clayton, Peter A. et Price, Martin J., *Les Sept Merveilles du Monde*, Le Promeneur, 1993.
- Empereur, Jean-Yves, *Alexandrie redécouverte*, Fayard, 1998.
- Forster, E. M., *Pharos et Pharillon, une évocation d'Alexandrie*, Quai Voltaire, 1980.
- *La Gloire d'Alexandrie*, Catalogue de l'exposition, Musée du Petit Palais, Paris, 1998.
- Jacob, Christian, F. de Polignac *et alii*, *Alexandrie IIIe siècle av. J.-C. : tous les savoirs du monde ou le rêve d'universalité des Ptolémées*, Editions Autrement, série Mémoires, n° 19, novembre 1992.
- La Riche, William (photographies de Stéphane Compoint), *Alexandrie, Septième Merveille du monde*, Robert Laffont, 1996.
- Plutarque, *Vies parallèles*, tome I, Garnier-Flammarion, 1995.
- Strabon, *Le Voyage en Egypte*, traduction de Pascal Charvet, préface de Jean Yoyotte, commentaires de J. Yoyotte et P. Charvet, postface de Stéphane Gompertz, Nil Editions, 1997.
- Jean Thévenot, *Voyage du Levant*, François Maspero/La Découverte, 1980.
- Thiersch, Hermann, *Pharos, antike Islam und Occident*, Leipzig, 1909.
- *Les Voyageurs arabes*, sous la direction de Paule Charles-Dominique (voir les récits d'Ibn Battuta), «Bibliothèque de la Pléiade», Gallimard, 1995.

Articles, revues

- «Alexandrie, lumière du monde antique», *Les Dossiers d'archéologie*, n° 201, mars 1995.
- *Egypte, Afrique et Orient*, n° 6, septembre 1997, revue trimestrielle publiée par le Centre vauclusien d'égyptologie, Avignon.
- *France-Egypte, dialogue de deux cultures*, AFAA, Paris-Musées, Gallimard-L'Œil, 1997.
- «Les Fouilles sous-marines sur le site du phare d'Alexandrie», Comptes rendus de l'Académie des Inscriptions et Belles Lettres, 1997.
- «Les Sept Merveilles du monde», *Les Dossiers d'archéologie*, n° 202, avril 1995.
- Daumas, F. et Mathieu, B., « Le Phare d'Alexandrie et ses dieux : un document inédit», Academia analecta (Bruxelles), n° 49, 1987, pp. 43-55.
- Frost, Honor, «The Pharos Site, Alexandria, Egypt», *International Journal of Nautical Archeology*, n° 4, 1975, pp. 126-130.
- Frost, Honor, «New Light from the Pharos of Alexandria», *The Mariner's Mirror* 82.3, mai 1996.
- Quet, M.-H., «Pharus», MEFRA (Mélanges de l'Ecole française d'Athènes), n° 96, 1984, pp. 789-845.
- Reddé, M., « La Représentation des phares à l'époque romaine», MEFRA, n° 91, 1979, pp. 845-872.
- *La Septième Merveille du monde*, un film de Andrew Snell et Thierry Ragobert, France 2 et Gédéon Programmes, 1995.
- *Alexandrie la Magnifique*, un film deThierry Ragobert, France 2 et Gédéon Programmes, 1998.

TABLE DES ILLUSTRATIONS

COUVERTURE

1er plat haut Représentation du Phare d'Alexandrie, vignette d'après un manuscrit arabe de la fin du XVIIIe siècle conservé à la Bibliothèque Ambrosiana, Milan.
1er plat bas Vue imaginaire du Phare d'Alexandrie (détail), gravure d'après Johann Bernhard Fischer von Erlach, vers 1700.
Dos Maquette du Phare d'Alexandrie réalisée vers 1980 par un artisan égyptien d'après la reconstitution d'Hermann Thiersch. Musée maritime, Alexandrie.
4e plat Levage de la tête d'un colosse ptolémaïque, fouilles sous-marines au pied du fort Qaitbay, septembre-octobre 1995.

OUVERTURE

1 Buste d'une statue d'Isis, fouilles sous-marines au pied du fort Qaitbay, septembre-octobre 1995.
2-3 Relevés sous-marins, *idem*.
4-5 Archéologue devant un sphinx, *idem*.

CHAPITRE I

CHAPITRE II

34 Epigramme de Posidippos de Pella, détail du papyrus Didot, vers 283 av. J.-C.
35 Vue cavalière d'Alexandrie antique depuis le nord-ouest, aquarelle de Jean-Claude Golvin.
36-37 Vue aérienne du fort Qaitbay construit en 1477 sur les ruines du Phare.
37 Le rocher du Diamant, gravure, in *Description de l'Egypte*, Etat moderne, vol. II, Paris, 1809.
38h La vis sans fin d'Archimède, gravure, XVIIIe siècle.
38-39b Archimède et Héron d'Alexandrie, détail de la page de titre des *Raisons des forces mouvantes* par Salomon de Caus, Francfort, 1615. Bibliothèque Mazarine, Paris.
39h Automate inventé par Héron d'Alexandrie, gravure tirée d'une édition du XIXe siècle des *Pneumatiques*.
40h Détail des pierres en calcaire blanc du fort Qaitbay.
40-41 Restauration du temple de Karnak réalisée par le Centre français de Karnak sous la direction de Georges Legrain selon les méthodes antiques, photographie du début du siècle.
41h Temple d'Hathor à Denderah, époque ptolémaïque.
42 Phare de Taposiris Magna près d'Alexandrie, IIe siècle av. J.-C.
43h Navires chargés d'amphores passant près du phare d'Ostie, détail d'un sarcophage romain. Catacombes du Frétextat, Rome.
43b Lanterne en terre cuite représentant le Phare d'Alexandrie, IIe siècle av. J.-C. Musée gréco-romain, Alexandrie.
44 Entrée de la ville d'Alexandrie avec le Phare, détail d'une mosaïque provenant de Sepphoris (Israël), Ve siècle apr. J.-C.
45h Bateau passant près du Phare d'Alexandrie, revers d'une monnaie en bronze du règne de Commode, 180-192. Bibliothèque nationale de France, Paris.
45m Phare d'Alexandrie, revers d'un demi-drachme en bronze de Domitien (81-96 apr. J.-C.). British Museum, Londres.
45bg Isis Pharia devant le Phare d'Alexandrie, revers d'une monnaie en bronze d'Antonin le Pieux, an 12 (148-149 apr. J.-C.). Bibliothèque nationale de France, Paris.
45bd Phare d'Alexandrie, revers d'une monnaie en bronze d'Hadrien, an 19 (134-135 apr. J.-C.). Bibliothèque nationale de France, Paris.
46-47 Reconstitution du Phare d'Alexandrie : vue générale et écorché, aquarelle de Jean-Claude Golvin.
48h Restitution du phare antique de Fréjus, *idem*.
48b Restitution du phare antique de Leptis Magna (Libye), *idem*.
49h Restitution du phare antique de Taposiris Magna, *idem*.
49b Restitution du phare antique de Césarée (Israël), *idem*.
50h Phare d'Alexandrie surmonté d'une statue d'Hélios, mosaïque provenant de Qars el-Libya, 539 apr. J.-C.
50bg et 50bd Le Phare d'Alexandrie entouré d'Isis Pharia et de Poséidon, intaille de verre bleu et relevé graphique, IIe siècle apr. J.-C. Coll. part.
51 Gobelet en verre trouvé à Begram représentant le Phare d'Alexandrie, fin du Ier siècle apr. J.-C. Musée archéologique de Kaboul.
52h Navire quittant le port, mosaïque romaine provenant du nymphée de la maison de T. Flavius Claudius Claudianus au Quirinal, fin du IIe siècle apr. J.-C. Palais des Conservateurs, Rome.
52b Représentation d'Alexandrie et de son Phare, relevé d'un fragment de mosaïque provenant de la chapelle de Saint-Jean à Jerash, VIe siècle apr. J.-C., *in* J. W. Crowfoot, *Early Churches in Palestine*, 1940.
53 *Egypte et Proche-Orient*, détail de la *Table de Peuntinger* montrant les voies romaines des IIe-IIIe siècle, copie de 1624, in *Weltkarte des Castorius* par K. Miller, 1888.
54-55 *Arrivée de saint Marc à Alexandrie*, détail d'une mosaïque, XIIe siècle. Basilique Saint-Marc de Venise, chapelle San Zeno.
56 *Homme sur son chameau*, dessin égyptien, XIIe siècle. Musée du Louvre, Paris.
57 Mappemonde avec le Phare d'Alexandrie, manuscrit persan de 1410 s'appuyant sur un texte de 1126. Bibliothèque nationale de France, Paris.
58-59 Phare d'Alexandrie et bateau, manuscrit arabe du XVIe siècle sur un texte de Mohammad ibn'Abd al-Rahîm al-Qaïsî de Grenade, connu aussi sous le nom de Al-Andalusî. Bibliothèque nationale de France, Paris.
60-61 Représentations du Phare d'Alexandrie, vignettes d'après des manuscrits arabes des XVIIIe-XIXe siècle conservés à la Bibliothèque Ambrosiana, Milan.
62 Phare d'Alexandrie, manuscrit arabe du XVIIIe siècle sur un texte de Mohammad ibn'Abd al-Rahîm al-

CHAPITRE III

CHAPITRE IV

85b Statue d'une reine lagide en Isis trouvée en 1962 par le plongeur égyptien Kamal Abou el-Saadat.
86 Relevé sous-marin du colosse d'Assouan qui serait une statue d'un Ptolémée, fouilles sous-marines au pied du fort Qaitbay, septembre-octobre 1995.
87h Répartition des éléments de plus de 20 tonnes, cartographie réalisée par le Centre d'études alexandrines, fouilles sous-marines au pied du fort Qaitbay, 1995-1997.
87m Répartition des colonnes à fût lisse, cartographie réalisée par le Centre d'études alexandrines, fouilles sous-marines au pied du fort Qaitbay, 1995-1997.
87b Fiche de bloc du 15 juin 1996 décrivant un fragment d'obélisque, réalisée par le Centre d'études alexandrines, fouilles sous-marines au pied du fort Qaitbay, 1995-1997.
88 Mentions de Horakhty et Atoum à la base du grand sphinx de Psammétique II, datée de 595-589 av. J.-C., fouilles sous-marines au pied du fort Qaitbay, septembre-octobre 1995.
89 Nettoyage sous-marin de la statue colossale d'un roi Ptolémée, fouilles sous-marines au pied du fort Qaitbay, septembre-octobre 1995.
90-91 Transport de la statue colossale d'un roi Ptolémée, *idem*.
92 Levage d'un bloc de40 tonnes, fouilles sous-marines au pied du fort Qaitbay, septembre-octobre 1995.
93 Amas de blocs de granit, fouilles sous-marines au pied du fort Qaitbay, septembre-octobre 1995.
94h Reconstitution virtuelle du Phare par la société Gédéon-ExMachina, d'après les résultats des fouilles sous-marines du Centre d'études alexandrines, avril 1996.
94m Anastylose virtuelle de la statue de Ptolémée réalisée à partie des relevés laser en trois dimensions de quatre morceaux repêchés dans la rade d'Alexandrie par la société Mensi et par la Direction des études et recherches d'EDF dans le cadre d'une action de mécénat technologique et scientifique.
94b Fragment de bloc de marble blanc portant des lettres grecques, fouilles sous-marines au pied du fort Qaitbay, 1995-1997.
95 Jean-Yves Empereur, Jean-Pierre Corteggiani et toute l'équipe des plongeurs sur un bloc de 40 tonnes brisé lors de l'effondrement du Phare, fouilles sous-marines au pied du fort Qaitbay, septembre-octobre 1995.
96 Transport du colosse ptolémaïque à travers les rue d'Alexandrie en octobre 1995.

TÉMOIGNAGES ET DOCUMENTS

97 Représentation du Phare d'Alexandrie, détail d'après la carte de la cathédrale de Herford, vers 1280, *in* Hermann Thiersch *Pharos, antike Islam und Occident*, Leipzig, 1909.
98 Tête d'Alexandre le Grand en marbre. Musée gréco-romain, Alexandrie.
101 Bibliothèque d'Alexandrie, gravure, in *Histoire générale des peuples*, 1880.
102 Plan de l'Alexandrie antique selon la carte de d'Anville, milieu du XVIIIe siècle.
104 Représentation du Phare d'Alexandrie en mosquée, dessin provenant d'un manuscrit persan de 1410 s'appuyant sur un texte de 1126. Bibliothèque nationale de France, Paris.
105 Phare d'Alexandrie, manuscrit arabe du XVIIIe siècle sur un texte de Mohammad ibn'Abd al-Rahîm al-Qaïsî de Grenade, connu aussi sous le nom de Al-Andalusî. Bibliothèque nationale de France, Paris.
106 Tremblement de terre d'une ville non identifiée, gravure, XVIe siècle.
109 Représentation de la ville d'Alexandrie avec le fort Qaitbay, détail d'un manuscrit du XVIe siècle.
110 Vue du port d'Alexandrie, gravure, fin XVIIe-XVIIIe siècle. Bibliothèque nationale de France, Paris.
112-113 Pont sur le canal à Alexandrie, lithographie de Luigi Mayer, 1802.
114 Couronne d'Isis Hathor, socle de granit et statue colossale de Ptolémée, dessins de Honor Frost d'après les relevés des fouilles sous-marines de 1968.
115 Portrait de Honor Frost en 1968.
117 Mosaïque de la Méduse mise au jour en 1992 lors d'une fouille de sauvetage dirigée par le Centre d'études alexandrines.
118 Restitution de l'obélisque de quartzite de Séti Ier par le Centre d'études alexandrines.
119 Amphore provenant d'une épave échouée au large du fort Qaitbay, Ier siècle av. J.-C, fouilles sous-marines dirigées par le Centre d'études alexandrines.
126 Vue imaginaire du Phare d'Alexandrie, gravure, *in* G. Ebers, *L'Egypte*, Paris, 1880. Bibliothèque des Arts décoratifs, Paris.

INDEX

CRÉDITS PHOTOGRAPHIQUES

Jean-Pierre Adam 77h. AKG, Paris 1er plat bas, 30, 31h, 31b, 52h, 53, 64, 75h, 80-81b, 106. Archives Gallimard 37h, 39h, 52b, 68d, 74, 80h, 81h, 82-83, 97, 112-113. Archives municipales, Montpellier 63h. Archives municipales, Turin 66b. Artephot/R. Roland 51. Bibliothèque nationale de France, Paris 15, 25h, 27h, 28, 45h, 45bg, 45bd, 57, 58, 59, 62, 63b, 65, 66h, 69, 104, 105, 110. Nabil Boutros 40h. Centre d'études alexandrines, Alexandrie Dos, 14-15, 42, 84, 87, 102, 118. CEA/M. Camboulives 18h. CEA/J. F. Gout 25b, 98, 117. CEA/A. Lecler 13, 14, 18b, 20, 21d, 22-23, 24g, 24d, 43b. Centre français de Karnak 40-41b. © CNRS Editions 1995/Jean-Claude Golvin 19. Coll. part. 1er plat haut, 29, 50bd, 60-61. Jean-Loup Charmet, Paris 38h, 38-39b, 73d, 75b, 101, 126. Peter Clayton 45m. Dagli-Orti 12, 27b, 41h, 43h, 71. Ecole française d'Athènes 33h, 33b. EDF 94m. Edimedia, Paris 68g. Editions Errance/Jean-Claude Golvin 48h, 49h. Jean-Yves Empereur 94b. Honor Frost 85h, 85b, 114, 115. Géo/Jean-Claude Golvin 48b, 49b. Jean-Claude Golvin, directeur de recherche au CNRS/Institut Ausonius, Bordeaux 1998 46-47. Frédéric Jaulmes, Montpellier 50bg. André Laronde 50h. Musée des Beaux-Arts, Rouen 11, 72-73. Nationalmuseum, Stockholm 16-17. © Paris-Musées 1998/Jean-Claude Golvin 26, 35. Zev Radovan 44. Réunion des Musées nationaux, Paris 56. Roger-Viollet, Paris 67, 70, 109. Scala 54-55. Sygma/Stéphane Compoint 4e plat, 1-9, 10, 21g, 32, 36-37b, 76h, 76b, 78, 79, 86, 88, 89, 90-91, 92, 93, 95, 96, 119. Sygma/Gédéon-ExMachina 94h.

REMERCIEMENTS

L'Auteur remercie ses complices Jean-Pierre Corteggiani et Georges Soukiassian, égyptologues, ainsi que toute l'équipe qui a permis la fouille du Phare. Ses remerciements vont également à Elf-Aquitaine et à la Fondation EDF pour leur soutien financier ainsi qu'à Nicolas Grimal, directeur de l'IFAO, pour son aide constante depuis 1994.

L'Editeur remercie Jean-Pierre Adam, Marc Albouy, le Centre d'études alexandrines, Peter Clayton, Jean-Claude Golvin, Honor Frost, André Laronde, Denis Maraval, Eric Préau, Michel Reddé.

ÉDITION ET FABRICATION

DÉCOUVERTES GALLIMARD
DIRECTION Pierre Marchand et Elisabeth de Farcy.
GRAPHISME Alain Gouessant.
FABRICATION Claude Cinquin.
PROMOTION & PRESSE Valérie Tolstoï.

LE PHARE D'ALEXANDRIE. LA MERVEILLE RETROUVÉE
EDITION Julie Wood.
MAQUETTE ET MONTAGE PAO Ricardo Tremori (Corpus), Jacques Le Scanff (Témoignages et Documents).
ICONOGRAPHIE Any-Claude Médioni.
LECTURE-CORRECTION Marianne Ganeau et Catherine Lévine.
PHOTOGRAVURE Arc-en-Ciel.

Table des matières